谨以本书迎接莱佛士书院200年生日的到来！

其实，每个孩子都是领袖

领袖的摇篮——回忆中的新加坡莱佛士书院（1992—2005）

韦陵 著

长江出版传媒 | 湖北教育出版社

卷首语

Introductory remark

湖北教育出版社的彭永东博士，提及希望出一本册子，向中国的教育界介绍几所世界著名的中学。“新加坡莱佛士书院”立即跃然而出，一颗神话般晶莹剔透的南洋明珠又捧上了手心。整整14年的朝夕相处，所有关于它的点点滴滴，在我的记忆中被激活！

跟所熟悉的国外企业文化一样，外国也有很好的校园文化。微软人布置开放的办公室，着意打造引领潮流的开放思维；“天上没有掉下来的馅饼”，从福特汽车公司高管的口中说出，已成为中国人耳熟能详的名句。你能告诉我，有哪一所海外的中学留给了你如此深刻的印象？

有！有这么一所——

它是一块活化石：近两个世纪来，保留着世界最完备的大英帝国鼎盛时期的经典礼仪；

它是一所博物馆：每一个礼仪涵盖着一则做人道理，庆典活动是其独特做人道理的诠释；

它是一部立体教程：墙上镌刻的文字、挂着的肖像，无不深情地向你述说古老而光荣的历史；

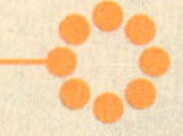

它是一座天桥：横跨在东西方之间。一端云霞满天，那是“上帝”的花园；另一头是“玉帝”的庭院。走上去！采撷一朵植入土壤。兴许，一株中西合璧的奇葩将问世！

我曾参与了这座大桥的建设，中国的数十所名校从此与它缔结“良缘”，彼此早已往返于桥上。它，就是被誉为领袖摇篮的新加坡顶尖中学——莱佛士书院。

作为礼仪之邦的中国，早在两千多年前的春秋战国时代就有了精辟的教育理论。儒家学说的始祖孔子，可说是最早的教育家。可惜，许多瑰宝还没来得及开发又都惨遭破坏，一次再次，面目全非！好多有价值的东西，在应用的时候上又逃不出说教的窠臼。

西方的教育晚于华人，但他们对教育形式，尤其是与理念配套的实用板块，相当注重，且精彩完备，发展迅速。作为必不可少的教育实践，有了这一部分，教育理论才能得以生动体现。

新加坡并非西方国家，由于历史原因，这个东方的南洋岛国，实施双语教育，且保留多元种族各自的文化传统——华族、马来及印度族裔等，同时又从西方文明之中，吸取了宝贵的养分精华。

我曾有幸在书院工作14年，在那宛如安徒生笔下童话般世界的校园里：

当年触角碰到的地方：无不惊叹！无不惊叹于它的理念和形式完美配套的教育艺术；如今触角收回的时候：又无不感慨！无不感慨怎样才能把它们引荐到我的故土。那些让我一次次挥洒泪水的庆典仪式，那些头顶延续着的一篇篇墙上史册，那些活蹦乱跳的学生，那些尊师重道的家长，那些曾给予我厚爱的院长……就算一草一木，二十年来都不曾忘怀！

今天，挖掘这块教育圣土里的依然有生命力的财宝，我相信价值依旧。

目录
CONTENTS

每个孩子都可以成为领袖，是父母老师给了他们这样的机会。

目录

CONTENTS

写给校长们

——校园里的大管家

每个孩子都可以成为领袖，是学校的软硬件给了他们这样的机会。

摇篮篇

一、同舟共济 —— 莱佛士的大家族

1.摇篮的科学布局

五大家族

“站在第三道上的是 Moor 家族的李华星！”当我的名字被叫出来的时候，Moor家族的学生个个大声叫好，为我助威。我戴上水镜，望着反射着阳光的水面，告诫自己：为了这再试一次的机会，我花费了多少心血与时间，一定要好好把握啊！“第五道是 Bayley 家族的黄威名！”这次，轮到 Bayley 学生拍手叫好，表示他们对这位游泳选手的支持。

我咬紧了牙，预赛的情景我依然记得一清二楚：在100米自由式预赛中，我远远超过其他选手。自以为在决赛中定夺金牌，为我们家族争光。我真是太愚蠢了！

对手并没有拿出看家本事，就这样，我输了。失败后，我曾心灰意懒，教练劝我别自暴自弃，他分析：“你输在轻敌，在技术上，你们不相上下，只是你翻身要快一点。我相信，大决赛你一定会把他打得落花流水！”

大决赛就要开始。五大家族的旗帜在池畔挥舞着，五大家族的拉拉队在声嘶力竭地喊着，五大家族的选手个个拼命卖力，学校游泳池一片欢乐的海洋！

我踏上跳台，弯下了身子。

“预备……跳！”

100米自由泳决赛如火如荼，我牢牢记住教练的嘱咐。翻身如海豚一般。抬头呼吸时，我发现其他人被抛到后头。难道威名也落后了吗？我屏住呼吸，不管三七二十一，冲向终点。我把头抬到水面时，听到Moor家族的学生大喊我的名字，“华星”“华星”声不绝于耳。我取下了潜水镜。不知是眼中的泪水，身上的汗水，还是池中的水花，我的眼前一片模糊。

“第一名，第四道的李华星……！”喇叭里传来报告声，还有“新纪录”三个响亮的字！

高才班（3K）作者 李华星

■ 池畔寄宿学校（宿舍）

这是莱佛士书院“游泳狂欢节”（Swimming Carnival）的一个侧影，学生李华星记录了其中的一个“镜头”。在书院，每年有许多体育比赛，田径运动会、游泳狂欢节就是最受瞩目的两项。比赛以“家族”的名义进行。那么，什么是家族，家族的划分又有什么好处呢？这还要从头说起。

莱佛士书院有五座宿舍楼，分别以书院历史上五位贡献最大的先辈院长和鼎力相助的友人名字命名，并分别配以五种颜色：

Moor: 红色 1837 –1843
Bayley: 黄色 1857–1870
Hullett: 黑色 1870–1906 （服务36年的任期最长的院长）
Buckley: 绿色
Morrison: 蓝色

风貌掠影

原名新加坡书院（Singapore Institution）的莱佛士书院，创立于1823年，迄今有190年的历史。1868年为纪念新加坡首任总督、书院奠基人、该校的第一任院长莱佛士爵士而更名。

莱佛士书院，新加坡第一名校。当年为男子初级中学，人数在2000之内。每年只有1%出类拔萃的小学毕业男孩子有幸进入该校；分别以A、B、C、D……划分班级，称作快捷班。1992年教育部在校内设置高才部，自成一体，教学板块直属教育部，“小灶”开课。开创伊始，我就进入了高才部门，服务了14个春秋。高才部的班次总是接在快捷班的后面，尾数多以K、L、M、P……排列；莱佛士书院已经是新加坡学校中的金字塔，而高才部的这帮孩子又在金字塔的塔尖上，由国家资助栽培。整个书院华人占90%以上，他们与其他族裔的孩子混合分班。

种族，是这个多元族群组合的小国最敏感的话题。种族和谐是新加坡的头等大事，多元文化的融合必须从学校开始，在班级生根。就连政府组屋的居民也都有严格的种族比例。当今世界多元种族的国家不少，但各种族之间能如同新加坡这般相安无事、彼此包容的，屈指还能算得出几个？正因为把族群和谐的观念灌输到了幼苗的根叶，这个举世闻名的城市花园才会有五彩缤纷的今天。

莱佛士书院、莱佛士女子中学这两所四年制初级中学，与男女混合的两年制高中莱佛士初级学院三足鼎立，一向牢牢地雄踞“狮城”。在历史的风风雨雨中他们虽然分分合合，但却从未改变过“莱佛士家族”（Raffles family）的手足联袂！所谓“手足联袂”，是指三校有着共同的家族文化与传统，书院和女中的弟弟妹妹经过会考，最终大多会选择进入莱佛士初级学院，荟萃于自家的高中。自从教育部实施了“直通车计划”，政府允许部分自主中学不必参加全国会考，合格的毕业生直接升上相应的“初院”（即高中），莱佛士大家族自然团圆。

几十年前，莱佛士书院与莱佛士初级学院曾经有过合并的经历，后又分开。分久必合，2009年1月1日，他们再度一统。沧海桑田几经沉浮，但“莱佛士书院”这个遐迩闻名的名字却始终响亮！据说，当今的掌门人是一位能干的女院长郑丽增，在莱佛士近两百年的历史中女性院长绝无仅有！可惜，我已经离开，没有机会目睹新校长的风韵和新校园的风采！

莱佛士书院是传统英校，与另一类陈嘉庚等先贤早年在南洋创办的华侨中学、南洋女中等名校所不同的是，书院师生日常沟通多用英语，而不是华语。他们多用英语交谈沟通，但并不忽视华语课程。因为要想当个全国的“状元”，就非得在剑桥O水准考试中拿11个A1。所

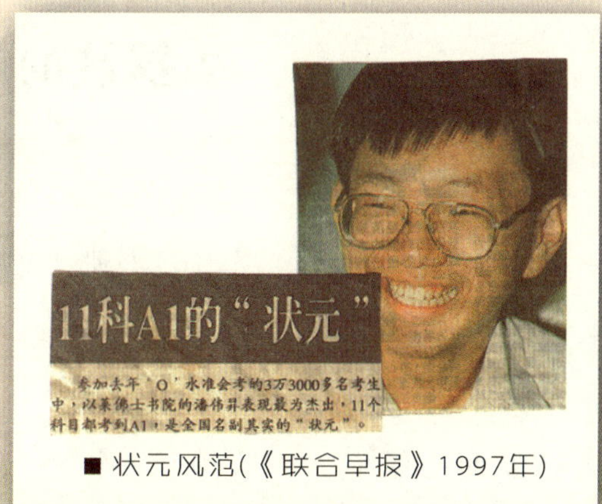
11科A1的“状元”

参加去年“O”水准会考的3万3000多名考生中，以莱佛士书院的潘伟昇表现最为杰出，11个科目都考到A1，是全国名副其实的“状元”。

■ 状元风范（《联合早报》1997年）

谓剑桥O水准考试，指的是初中升高中的全国统一考试，教育部设立“剑桥考试中心”。试题由英国的剑桥考试中心出，考卷经由英国的考试中心评判，共11个科目。考生的成绩单上看不到分数，只有等级，分别以A(A1、A2)，B(B3、B4)，C(C5、C6)，F来划分。（F：Fail，即不及格，分数在50分以下。）而A1，指的是75分以上的成绩段，没有人知道具体的分数。每年会考，11个科目都获得最高等级，也就是拿到11个A1的考生将在报纸上公布姓名及其所在学校，每年为学校争取到荣誉的孩子们，就是这一届的“状元”。据说，教育部每年一度的“总统”“总理”特殊奖项，就是颁发给各科目的尖子。

一般来说，精英云集的莱佛士书院，9个用英文考试的科目、加上一科“普通华文”，这10个科目拿A1还不算“望洋兴叹”；剩下1个高级华文，要在华校生手中分一杯羹，夺来一个A1，可就并非易事！当年的4H班，一班就分别出过两位状元：梁斯凯、潘伟昇。潘伟昇在《我这个人》的自我介绍中告诉我：“华文虽重要，但不容易学，因为它有超过一万个字要记，不像英文，只有26个字母！”这，就是莱佛士孩子，乃至全新加坡孩子的最大“恐惧”！

2.摇篮的设计艺术

别具一格的组合

上文提及的三位杰出的莱佛士家族的“大管家”和两位忠实友人，也许不是运用五种色彩的设计师，但如今已经成为了这些色彩的化身，家族的符号。每个家族有自己的“首领”，他们的“领地”分别用五种颜色区分：族旗、横幅、运动衣、头带……色彩划一，一目了然！那么请问，家族如何形成，又如何“门户自立”呢？

这要来个覆雨翻云：将班级一棍子打乱，按人数以五个“家族”均分，来个重新大洗牌！

家族的形成

书院的办学方针是“全面教育”：品德与能力并重，学业与活动并行。

智能竞争在同一年级横向进行，这是遵循学业的规律。新生入学年龄相仿、学历相等，他们在同一平台上竞赛。体能比赛呢？竞争却在纵向起跑线上展开。新生入学编班的同时，亦将他们分作五份，归属五个家族。这一体系将不同年级、班级的学生打散后再重新组合。原来，家族的形成源自于参与各种活动的需要。

家族的启示

这种组合的的确确颇为科学！

首先，族员有更多的机会全方位接触不同班级与年级的学生，互相学习、彼此切磋；

其次，高班的大哥哥们自动就成了低年级学弟的领袖。在学兄的指导下学会竞技才能，并逐步走向自主；

最后，团队精神、挫败意识的渗透：五个家族的人，在竞赛场上龙虎相斗，难解难分；比赛完毕，五个家族的旗帜聚首一堂，人们在五色彩虹下，一笑泯胜负！

纵观西方教育下的孩童，他们的心理素质不那么脆弱，对待输赢比较淡定，赛场拼杀多少事，在这一刻“都付笑谈中”；“面子”，没那么重要，老师家长对孩子要求的口头禅即是：“不要紧，参与就好！”

■五色旗下，一笑泯胜负

你能说，五大家族的领头人不是竞技场上一呼百应的领袖？

别具匠心的装潢

坐落于碧山莱佛士书院路（专门为书院开辟并命名的一条路名）上的莱佛士书院，一所中学而已，又不是美术院校，谈“分数”应该远比“色彩”重要吧？非也！这所历史悠久的特殊学府，其色彩却无比抢眼，堪为画龙点睛！鲜明的色彩不仅直接展示校园风貌，更是学校灵魂的外衣，精神的桂冠！在书院的环境布置中，首席“管家”，第一任院长托马斯·史坦佛·莱佛士，无疑是整个校园“底色”的奠基人。

■ 家族学生宿舍

随处可见的“眼睛”

是他，莱佛士，把色彩赠送给了“摇篮”。为了彰显这位新加坡的开埠人，当时的大英帝国封称他为爵士，1815年大英王子御赐三色：黑、白、绿。莱佛士用家族三色“装点”了自己一手搭建的摇篮，初生的婴儿们，在标准的莱佛士颜色中成长，你看：墙壁挥洒着三色、校旗飘扬着三色、校刊印刷着三色、礼品的基调三色，就连书院自己的礼品包装纸都不曾忽略这三种色彩的组合。

校服：学生着白色校服，白色运动鞋，以长短裤区分高低年级；学长着黑色礼服，黑色皮鞋，西装礼服的胸襟刺绣着学长徽章；平日上课，学长们只是脱去礼宾外套，但鞋子还是与普通学生有区别，他们脚踏黑皮鞋，胸前佩戴两个徽章：校徽与学长徽章。

自左而右：
- 低年级男生（初中一、二年级校服）
- 高中女生（初级学院校服）
- 学长（学长服）
- 高年级男生（初中三、四年级及初级学院校服）
- 初中女生整个四年的校服

领带：赐名为“团结结”。学生的领带织锦三色；教师的领带系特制的“金利来”名牌，一色庄重的墨绿。墨绿的一角，有烫金的“迷你”校徽。每个星期的周一以及大典之日，师生必须系戴！莱佛士的经典，往往体现在这些鲜为人知的细节，而这些细节往往却又凸显出意想不到的经典。总之，书院师生的每一条领带及其上面的校徽，告诉你一个不争的事实：它可不是一般的装饰品哦！在莱佛士的校园里，它具有特殊的意义：

戴上它，你就是这校园生命的一个细胞！

戴上它，你就要保护这个校园的整个生命！

如果有一个细胞坏死，必将有损于整个肌体的健全。它，系在每个师生的胸口，随时随地叮嘱你记住这两个字——人格！

■ 有“迷你”校徽的教师领带

■ 莱佛士家族三色的学生领带

学术袍：只有授课教师典礼时才可以穿的黑色大氅，胸襟饰以绿白相间的镶边。而部门主任的胸前，则将白色换成了金色。

请注意！看到院长的礼袍有什么独特之处了吗？他胸前还多了一条金链，连接着两襟：金质链条专为“大管家”特别设计，是这个庄严学府里至高无上的象征！

■ 身着礼袍的院长（右一）正陪同校友总统黄金辉（右二）视察学校。你看到院长衣襟上的金链吗？

■ 走在前面的是主任，学术袍饰边为金黄与墨绿；尾随其后的是教师，学术袍饰边为纯白与墨绿。

典雅庄重的“三色”配搭在一起，相得益彰！它，是莱佛士的眼睛，处处注视着你，时时警醒着你，好像在说：“嗨！Raffesian，切不可辱没我们高贵家族的荣耀！”

Raffesian即特指的专有名词“莱佛士人”。莱佛士男女二校、初高二部、毕业和在籍的所有学生，只要你就读过莱佛士书院、莱佛士女中，抑或考入莱佛士初级学院，每个人都会如此称呼自己，校园里处处都听得到这无比骄傲自豪、在字典里查找不到的特别称谓。

书院大厅的外观形似一把撑开的伞，金碧辉煌的伞面虽然半开，但绝不妨碍为孩子们遮风挡雨；伞面的造型恰似艳阳，孩子们却在伞下如沐春风！

■ 书院大厅外观：五色旗下的开放式伞形门庭

步入大厅，迎上来一个人，他陪同着拾级而上。主人风度翩翩，一路说来，如数家珍。他是谁？为什么对学校了如指掌？

哦，原来他就是大名鼎鼎的托马斯·史坦福·莱佛士！

■ 莱佛士精神镌刻在石像之下

大厅前方矗立着一尊雕像，那就是莱佛士爵士。双臂紧抱的他在凝思着什么？我们似乎在哪里还见过他？对！新加坡河畔也有一个同样的身影，那尊雕像位于昔日的入海码头，用于纪念这位开埠者1819年1月29日的弃船登岸；那么，碧山上的这座塑像，即是在缅怀这位学校的奠基人、莱佛士书院的第一任院长。就在他打造的自由贸易港向世界敞开大门的同时，由他亲手创建的莱佛士书院于三年后（1823年）向赤道上的第一批学子敞开了另一扇大门。听人说，在新加坡，“莱佛士”这个名字可不能滥用：最经典的酒店名曰“莱佛士酒店”；最豪华的“新航”客舱名曰“莱佛士头等舱”，那么最著名的学校，非“莱佛士书院”莫属！

站在厅前，面对着莱佛士，揣度着他的思绪，任凭他怎么去想，也万万想不到自己亲手创办的一所普通学校，如今竟成了新加坡的一道教育景观、演变成一座培养领袖的摇篮！1823年6月5日，他郑重承诺：

> 如同毅然授予这方土地以生机一样，我将倾注自己的精神与活力于书院。
>
> Would that I could infuse into the Institution a portion of that spirit and soul by which I would have it animated as easily as I endow it with lands.

他的理想实现了！这位首任院长的灵魂从未离开过这所学校，他迎来一批批全国顶尖的学子，又在这里目睹着一代代英雄辈出！莱佛士书院名副其实地成为了领袖的摇篮！这里是曾见证过中国人的老朋友李光耀、吴作栋、黄锦辉等三位总统以及两位总理成长的摇篮。从这个摇篮里走出的部长、议员及三军统帅占据着新加坡半壁河山。

可以肯定地说：优雅的礼仪帮助他们在求学阶段养成端庄严谨的作风，同时，他们个人的作风也促成这良好校风的形成，作风与校风密不可分。

■自豪的"莱佛士人！"

写在墙上的史册

被称为ATRIUM的圆体中厅，是典型的古罗马建筑，指的是几层楼高、有着通天大顶的开放式厅院。阳光洒在这开放的空间，明亮有如一尊天庭饱满的大脑。一眼扫去，酷似书院的脸！古人看庐山有“横看成岭侧成峰”的姿色，书院的这张脸呢，也有“远近高低各不同”的神情：

抬头望去：

尊贵有如君王，正中的巨型校徽，是他威严的皇冠；

俯视下方：

绰约有如王妃，浅浅小池满是摇曳的斑斓，那是她旋转于舞池的裙摆；围坐环形石阶一周，可以尽情享受那烂漫的色彩；

眉宇之间：

悬挂着历任院长的肖像：慧眼一字排开，恰似银河星系，昔日的犀利与睿智照旧指引着今人；

环绕两侧：

每一年学生总领袖，每一届总统、政府奖学金得主，每一次国防部授奖名单，都庄重地镌刻在木质板上，并镶嵌在一面面墙间。它们就像书院的大脑，完好地保存了这么长的校园历史并不断延绵着未来的记忆；

耳畔萦回：

听，须侧耳聆听！右边耳畔传来阵阵轻言细语，那是墙壁上的叮咛与嘱托。一代又一代从书院走出去的领袖：总统、总理、部长、议员、三军总长等都聚集于这壁墙面，壁间镌刻着晚辈的尊崇：

■ 他们带领过我们前行

至于他们正在对我们说些什么，你听到了吗？

大厅后墙：

展示着第一次世界大战阵亡校友的名单，如今，墙壁上述说的故事被存封在这里；他们的灵魂也长眠于自己的母校。

总之，只要造访莱佛士书院，伫立于中庭，你就不由得肃然起敬！智者的气场将你环绕，愚昧无知被荡涤一空。下面，我按照它的方位，细细描画书院的这张“脸”：

■ 开放式大厅内部

校徽：一层楼高的徽章是莱佛士家族爵位的象征，有如一扇硕大无比的屏障，守护着书院的大门；它是莱佛士书院的“定海神针”！把持在大厅的正中。无论是枪林弹雨的火海还是几经迁徙的沧海，都没能动摇它在新加坡人心海的定位！

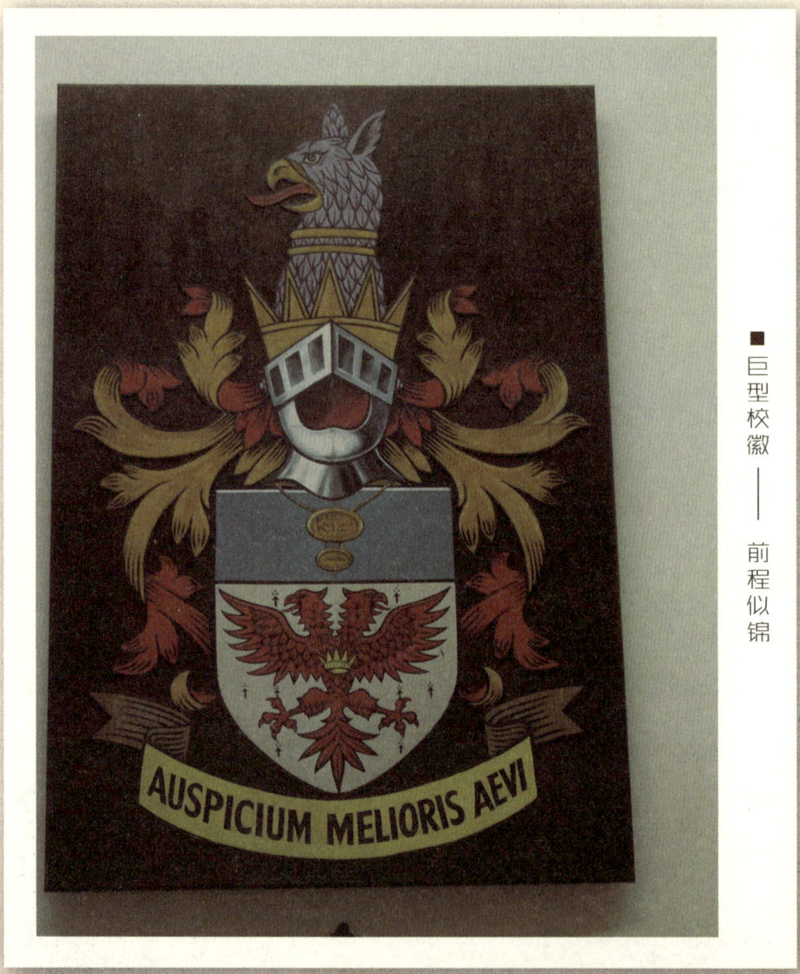

■巨型校徽——前程似锦

图案为当年英国女王所赠：皇冠上传说中的鹰隼名曰“格瑞芬”，在鹰的天空下，雏鹰展翅翱翔！金色绶带上，是用古希腊文写就的书院的校训，直译为“迈向美好的年华”，意译为“前程似锦”。

人物志：大厅壁上镶嵌着古铜色的木牒，一面面墙是一部部史书。依次排列着：

- 近200年历任大管家（院长）的名单；
- 历届“女皇奖学金”得主名单；
- 历届“总学长”名单；
- “总理书籍奖”名单；
- 武装部队奖学金得主名单；

诸如此类，不一而足。

阵亡册：如果你有心“翻过”校徽那壮观的“一页”，其背后的墙壁上，还有一个鲜为人知的“章节”，铭刻着第一次世界大战阵亡的“莱佛士人”，在诉说着当年的鏖战故事。那些名字和画面无不提醒未来的领袖们，应如何善待子民，并力争“化干戈为玉帛”。

英雄谱：这个光荣榜魅力四射，照亮走廊尽头的一方墙壁，有他们存在，可谓蓬荜生辉！那是众多的当今政府领袖的肖像，总是引来过往的行人驻足，他们无时无刻不激励后生继往开来，跻身于其中！新加坡的地标，滨海广场“鱼尾狮”旁的薛尔斯大桥，就是以这位总统校友命名。

■ “英雄谱”之总理篇（李光耀、吴作栋等）

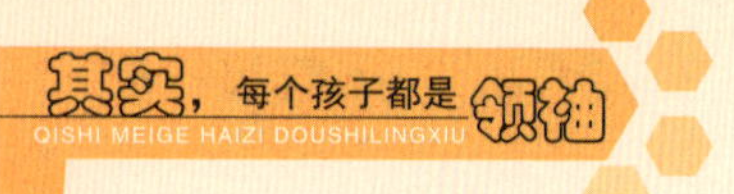

■ "英雄谱"之总统篇（薛尔斯、黄锦辉等）

管家篇：最瞩目的是历任院长的挂像，于大厅正中间环形的高墙上俯瞰着你。每一任院长离任之时，就将他的肖像添加在前任院长的身后。我在书院的14年期间，那里增加了三位熟悉的面庞。抬头看到他们，似乎感觉他们还不曾远去。他们是：

Eugene Wijeysinghe	维　吉	1986－1994
Tan Tiek Kwee	陈德辉	1994－1998
Woug Siew Hoong	王斯芸	1999－2004

■ 墙上院长——我熟悉的面孔

这是一卷书写不完的书，一本流动的校园史。历史，就是这样形成；但它又不是历史，因为每一年每一章又有人把新的名字添加、续写并篆刻在前人的后面，在莱佛士同窗共读的求学时代就跟日后新加坡总理李光耀先生建立了深厚友情的总理夫人柯玉芝女士就镌刻在1947年的“女皇奖学金”得主的那一栏中。在那里面，每一个名字，每一张面孔都是那样鲜活，从来不曾尘封在岁月的沧桑里……

■写在墙上的历史——历任院长

顺便提一句，书院再忙，每年都会请专人拍照。拍照那一日校园里车水马龙，老师、职员、部门、班级、学长隆重登场，无一缺漏。最引人瞩目的一张是“全家福”，里面只有任课教师。满眼是身着学术袍的教师以及院长们，而行政人员是不必入座的，无论他的职务有多高、行使的权力有多大。讲台，是

■ 李光耀夫人柯玉芝（Kwa Geok Choo），1947年女皇奖学金得主

老师“传道、授业、解惑”的领地，在书院，任课老师的神圣无可取代！每一个部门都有一张自己的合影：董事会成员、人事部门领导、行政团队的员工、班主任和年级学生的姓名都记载在所属照片的下方，依次对号入座，那一个个名字连接起来，就这样形成一部部形象的书院史卷。因此，无论何时，你都会在书院的历史长河中找到自己并感慨地发现过眼烟云的昔日伙伴。

■ 发现过眼烟云的昔日伙伴

书院重视“等级”吗？是的！它们写在了院长、主任、学长、学生的服饰上；书院不重视“等级”吗？也是！瞧，任课老师的学术袍庄重无比，其神圣无可取代！

时空布局的典范

■ 图书馆

毗邻五大家族宿舍的哈列特图书纪念馆（Hullett Memorial Library），无处不透出古朴而典雅的欧式厚重，古铜色的楠木家具精雕细刻，古色古香，依然保留着1923年建馆时的风貌，极具华彩！这里有先辈院长英国人哈列特的巨幅肖像和他曾经用过的办公桌椅。好像他依然坐在桌前，我们听得到这位坚毅的大管家伏案疾书的着笔声。据说，在风雨飘摇的艰难时期，这个院长呕心沥血、四处奔波，为书院的生存与发展做出过杰出的贡献。他身后的阅览室饱藏经书，其历史远比新加坡的国家历史长四十多年！的确如此，那里面盛放着一个小小的“新加坡”。墨绿的地毯间弥漫着古朴的芳香；地毯上空却传递着最快的讯息，院长王斯芸当年亲自对到访的客人介绍，馆内四处皆是最前沿的电讯设施，几十台电脑让你瞬息间无线上网。它们与另“一枚”更小的“迷你”图书阁交相辉映！那个袖珍书阁“镶嵌”在教学楼中，比邻教师办公室。严格地说，袖珍书阁比“哈列特图书纪念馆”正好早一百年（1823—1923），它是莱佛士家族图书馆，洋溢着莱佛士家族温馨的气息，弥漫着欧罗巴浪漫的风情。据说收藏着许多18世纪欧洲大陆的文献与文学珍品。这个房间只允许教师出入，老师们在柔和的古典音乐与浓郁的咖啡香中或读书或笔耕。

可以说，书院图书馆是这个国家的缩影：古老与现代在这里交错！

■ 阅览室

而图书馆的墙外呢？有一条“世界领袖”走廊（World Leader），壁上镶嵌着各国使者的访问照片，其中不乏破冰建交的中国元首邓小平，还有继往开来的江泽民。它是一条通往国际的要道，坐在下面的桌椅上，孩子们可以骋目古今，驰神国际。游目骋怀之余，一派海阔天空！

可以说，它是一条时空走廊：袖珍的国土与繁华的世界在这里纵横！

■ 领袖走廊：邓小平、江泽民

二、恩威并用——该管家出面的时候

有这样的三个场合，大管家院长必须出面，他不仅是典礼仪式的主角，而且扮演不同性质的角色，它们是：升旗礼，院长训导典礼和校庆大典。

1. 朝阳下的反思 —— 升旗礼（Flag-raising Assembly）

升旗礼是新旧一天交接时刻的庄严仪式。每天早晨 ——

7点20分：铃声响起。师生到阅兵场集合，Form teacher（班主任）站在班级前，副班主任立队尾。科任教师列队于最前排，居中位空。两位副院长分别排列两侧，然后依序下去的是学科主任，普通教师。

7点25分：整编后的队伍鸦雀无声，静默等候着院长的莅临。晨风轻微，旭日东升。这5分钟，漫漫的5分钟；这5分钟，静悄悄的5分钟；这5分钟，肃穆的5分钟。大家在等待着什么？是空心悟性：检点过去一天的行为；还是清醒大脑：预备新一天的开始？抑或就是制造一种肃穆庄严的校园氛围，树立这位最高大管家的绝对教育权威！

7点30分：院长步出大楼，从全体师生前走过，居中入列。音乐随即而起，全体肃立。庄严的国歌声中，国旗与校旗冉冉升起。

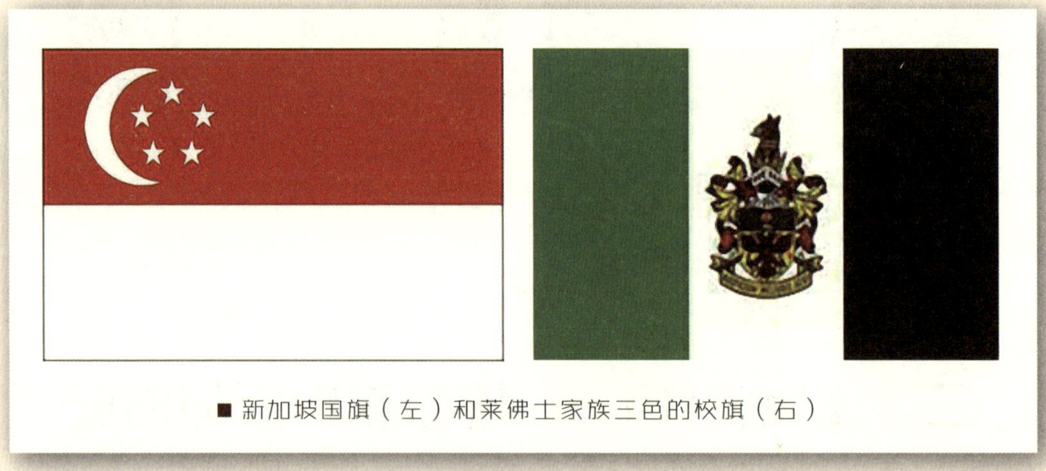

■ 新加坡国旗（左）和莱佛士家族三色的校旗（右）

在鹰的天空下，只要是公民，无论你是华族还是马来、印度、欧亚血统这四个种族的师生，都必须在学长的带领下宣誓，时时不忘，日日牢记：“我们是新加坡公民，不分种族、语言、宗教，团结一致建设公正平等的民主社会，实现国家的幸福、繁荣与进步。”

这是每一个身为新加坡公民的学生都要熟读、熟背的誓词，每天必诵，此刻你必须庄重地将右手放在心脏跳动的地方！

晨检以校歌结束。书院的每一个庆典、每一个仪式、每一个集会，都是在校歌声中宣告结束。它是校园上空激荡得最多的声音！

值得一提的是：晨检，也是大管家院长大人“结算”过去一日的时刻。

他点算“贡品”，从获胜队员们的手中接过校际比赛的奖杯，高举过头，逐一握手。莱佛士的孩子们，别提有多重视这光荣的时刻，下面这篇球队长的札记，领袖的责任感可见一斑。

■ 升旗礼的地方（中间的圆形检阅台）

一场失望的球赛

球场的时钟在倒数着：一分零三秒、一分零二秒、一分零一秒、一分……就剩下那么一分钟了。想不到区区六十秒，对我校有那么大的影响：光荣与惭愧、欢乐与悲哀、胜利与失败，都将在这短短的六十秒内决定。我校篮球队在过去五年都无法打入决赛，无法得到金牌，无法为校争光。今年，我们终于成功地进入了大决赛，争取到了为校争光的机会。各个球员都在做着同一个梦：盼望着，盼望着全体队员再次把奖杯捧进学校大门的那一天！盼望着像六七年前的球队一样，在微风拂面的清晨，在太阳升起的那一刻，在全校师生的见证之下，骄傲地登上操场检阅台，由我将金杯送到院长的手中，让他高高举起的那一天！

在这一年内，我们苦苦投篮；在这一年内，我们苦苦练跑；在这一年内，我们早出晚归。一年的心血，就为了这短短的六十秒后的胜利。四十五秒，比分是六十七比六十八，对方领先，可仅仅一分之差啊！我队若能在这四十五秒内进一个球，我们将是胜者。

我顿时想起这一个多小时内发生的事情：开赛前，教练对我们说："你们对垒的阳光中学，连续得了五年冠军，我们被封为"黑马"，我希望大家不要灰心，黑马、白马都是马，只要是好马就会赢！"我们就这样走进了球场。裁判口哨一响，球赛便如火如荼地展开。双方队员都拼命地跑、拼命地跳、拼命地接球、拼命地投篮……双方势均力敌，难分上下。我是打防守的，盯住对方的主攻手。至此，我未敢离他三步。我方主攻手在我前面，等待着球员把球传给他。三十秒，球终于过来了，这是我最后一次机会，我用了我体内最后一丝力量，跑到了他的前面，拦住球，即刻传给我方的"神投"友明；十五秒，似乎全场人的目光都投向友明；全场人的感情都随着球在忐忑不安地旋转；全场人的心都在跟着球的跳动而跳动……五秒，友明投篮啦！每个人的心跳似乎暂停，球，撞到篮板，在篮口转了几个圈，整个球场鸦雀无声。

“砰！”的一声，球没有进！

“砰！”的一声，全队的希望破灭了！

“砰！”的一声，灿烂的天空一片漆黑！

“砰！”的一声，阳光中学的队员欢呼起来！

“砰！”的一声，我方个个低垂着头！

友明泣不成声，我热泪盈眶，呆呆地看着球篮，“莱佛士人”的光荣称号再次蒙羞！常言说，男儿有泪不轻弹，可我的篮球队队员们都围着我哇哇大哭。我恨自己，这个不称职的队长！真不知道明天怎么面对检阅台。老天会不会也不服气地大哭，明天最好天降大雨，阳光不要露脸。

■ 盼望到了把手中的奖杯在升旗礼上交到院长手中的这一天

你能说，球队队长不是体育赛场上有担当的领袖？

2. 家有“家法”——院长训导典礼（Headmaster Assembly）

鞭 教

礼堂里特别安静。我说的是空气，连空气都不敢喘息！活跃的拉拉队不知道躲到哪里去了，我们端坐着，身子都不敢挪一下。舞台上的灯光似乎没有平日那么亮，中间放着一张桌子和一把椅子。院长笔直地站在桌旁，神色凝重。这等待，真让人窒息！

训育主任终于领着那个学生出来了，他低着头怯生生的。到了椅子边，站在那里，还是低着头。院长走过去，俯下身来开始跟他说话。声音很小，很温和，我们都竖起了耳朵：“准备好了吗？”男孩点点头。“知道为什么处罚吗？”男孩又点点头。弯下身来趴在椅背上。训育主任递过放在桌上的鞭子，“啪”的一声，鞭子落到了屁股上。院长顿了一会儿，上前问男孩，我猜想，大概是问“忍受得了吗？”声音太小，我们听不见。只见男孩点了点头。鞭子的响声再次在礼堂里回荡，触目惊心！行鞭完毕，院长安慰他，我们看到男孩脸色苍白，泪水在眼窝内打转，但忍住了没哭。

回想起前几天我们在游泳课后回到更衣室时，就听到有人喊：“钱包不见啦！”小偷是我们班同学。我们觉得羞耻，更为他难受。“偷窃”是大错，这是“莱佛士人”所绝对不允许的！难怪我们看到他的父母这几天出出进进，母亲脸上挂着泪。这个我们平日里叫做“小胖子”的同学前几天还活蹦乱跳，肉嘟嘟的脸总挂着笑，今天他满脸羞愧……我们都赞同院长这么做，因为他犯了校规，学校再三强调学生绝对不能碰的这条校规！我们看得出，鞭子下去的时候，痛在小胖的身上，我觉得它更痛在院长的心上！因为院长高举鞭子的手似乎在发抖。

高才班（2I）陈宣融

通常第一学段第一周的星期一，第二以及第四学段的最后一周的星期一，都有院长训导仪式。这位大管家要在这一天作学段总结，其中，重大的学生纪律问题，必定在典礼时阐述和处理。偷窃，对“莱佛士人”来说是奇耻大辱！除了说教，管家还会动用鞭子。鞭教是书院最重的惩罚。新加坡法律保留着一条律法：“鞭刑”。连外国公民都不能幸免。十年前，一个美国驻新官员的“公子”以身试法，在停车场向不相识人的车上泼漆涂鸦，可尝到了鞭子的滋味，当年美利坚总统克林顿亲自开口请求，都没能手下留情！

记得，李光耀资政在一次视察时曾亲口回答过一个问题，他说：以精英体制选拔人才不一定是最好的方法，但是，它是透明可行的办法。以此类推，我猜想，政府在决定“鞭刑”时，也不会认为这是一条好律法，但是，这是一条“杀一儆百”的鲜明警醒。谁叫你不为自己的行为负责？法律，就是让人承担后果！到过新加坡的人都知道，人们赞美这个世界花园城市时用词为：“fine”（美好），意指“美好家园”，殊不知，fine在英文字典里也有“惩罚”的词条。张弛有度，才是文武之道！

书院里，鞭子平日庄严地“待命”，守候在院长办公室！执教书院的14年期间，我目睹过两任院长的三次行鞭。我所教的一个班级的学生，再现了当时动用“家法”的情景，以上是其中的一篇。1998年10月23日，陈德辉院长离开书院。作为礼物，我郑重地把5月29日该班学生的习作装订成集送

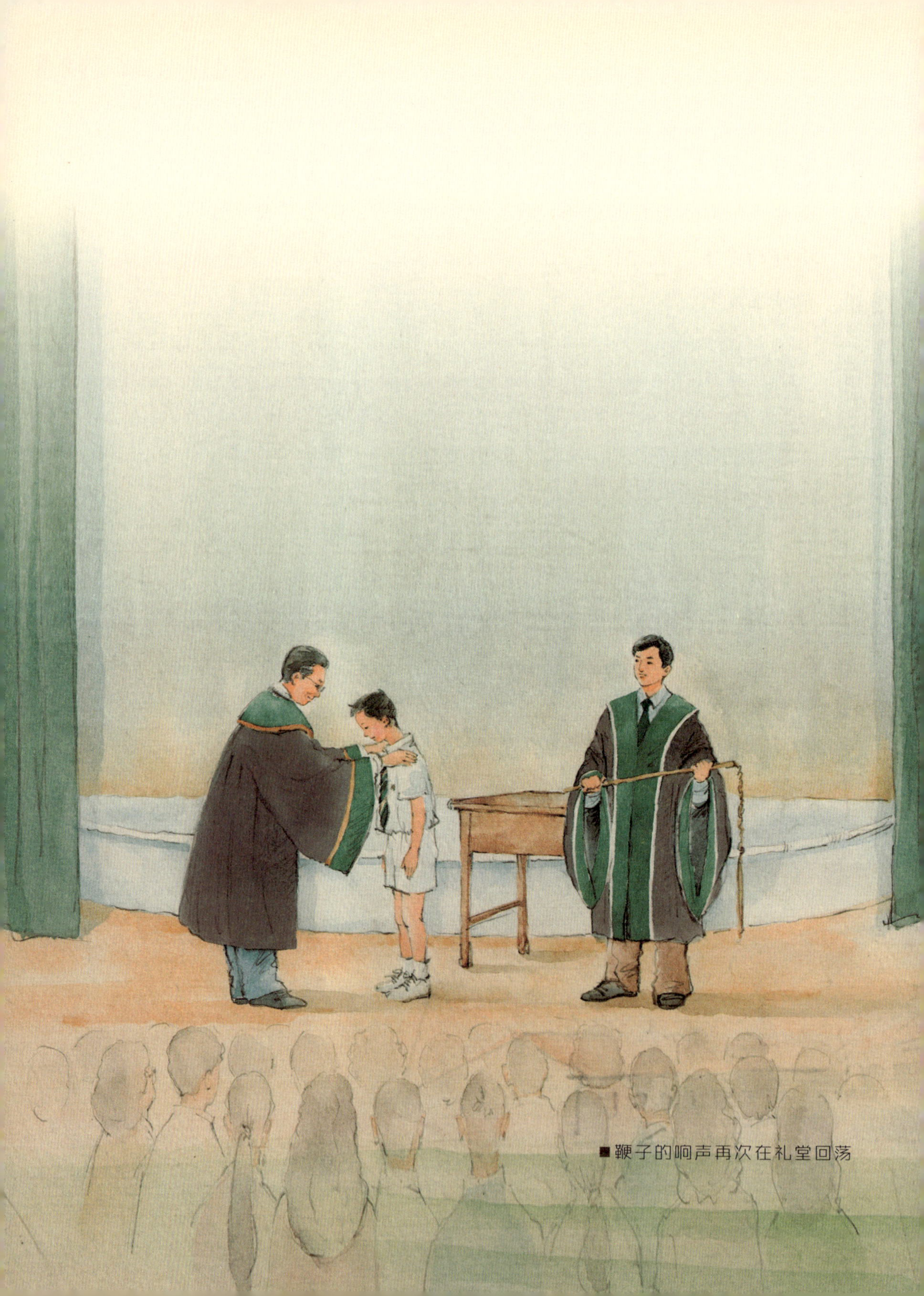

■鞭子的响声再次在礼堂回荡

给了他，命名为《莱佛士学生眼中的院长》。扉页上写着：

> 如果时光不会倒流，那就让这一瞬间的形象，作为在这里工作的1460个日子中的一瞥，凝固在这本集子里……

在新加坡，学校的最高领导是校长，由教育部委任。莱佛士书院是自主中学，所谓自主，即有一定的自主权，譬如招生、聘师、学费等方面。与普通中学最不同的是，院长是学校董事会在报纸上公开招聘的“大管家”，但必须要经由教育部批准，每一届任期四年。任期四年，也是因为学制的考量。作为英联邦体制，中一至中四，学生一届四年。第一、二年称为Junior（初年级），其后两年称为Senior（高年级）。一般在莱佛士书院学完这四年课程，大多数学生会选择进入莱佛士初级学院两年制的高中。

虽然被称为“初级学院”，但其两年制的高中有点儿像西方体制所说的“大学预备班”。“初院”的课程是为有心上大学的人准备的，否则，你就在完成四年的中学教育后分流，去上职业高中。在新加坡实行了“直通车”体制后，一些尖子学校取消了全国剑桥普通中考，莱佛士初、高中才得以“分久必合”。身着深蓝连衣裙的莱佛士女中娃娃，通过考核也直通本家的高中，换上活泼的家族绿色，为严肃的校园增添不少绰约的风姿。

新加坡学校每年有四个学段。书院的工作年历，在上一个年终就出炉，具体活动由各部门在年终总结时拟定，交送统筹安排。每年一开学，一本豆腐干大小的袖珍“校历”，师生人手一册。一年的活动清清楚楚、一目了然。校园也就井然有序、有条不紊，各部门之间不会为“撞车”而大动干戈！

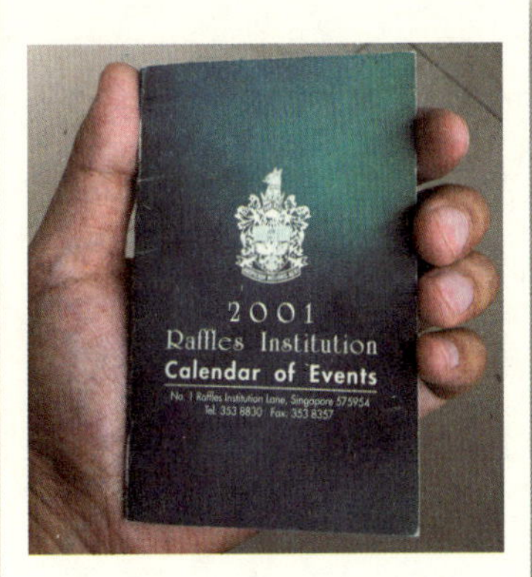

■ 人手一册的袖珍校历

而固定的六大典礼及两项仪式经年不曾变更，连排列时间都固定在每年相同的时段。

院长训导礼即是其一。它专注于纪律方面，

所以是以这样的誓词结束，全场在学长带领下宣誓高呼：

《莱佛士人的准则和荣誉》

发掘智力、遵守纪律；

待人诚恳、品行良好；

在团队中互信互爱；

做到这些，就不辱没“莱佛士人”的称号！

可见，自从进了书院，“莱佛士人”一直伴随着你，那是一个多么神圣的称号！

3. 大管家的“账目盘点”——校庆大典（Founders Day）

校庆，是一年中最隆重的庆典，每年五月下旬。这一天，院长要面向校董事会所有成员、在校师生、家长协会以及校友会的代表，汇总自己的一年所为，报告书院的业绩收获。这是他一年最长的一次讲话，“账本”人手一册，这厚厚的一本“账”，囊括了一年的要事：有表格，有例证，有数字，每一个创造校园历史的人物，都浓缩于这本书中。这，就是校史。要查寻书院近200年

■ 175届校庆“账本”

■ 学长吴作栋，当年也是游泳队健将（照片出自《ONE MAN'S VISION: Raffles Institution In Focus》）

来的个人资料，都可以在这一年一簿的册子中找到。譬如众多从这个摇篮走出去的国家领袖，如李光耀、吴作栋等，他们就读时就显示出的少年才华，可在当年留下的照片与撰文中一见风采。

校庆也是颁奖之日，其奖项范围涵盖广泛。

普通奖项有：

学术奖：回母校领奖的上届剑桥水准全国会考中的全优生（11科全A）。发奖时，这些全优生已经到了初级学院；该奖也颁给毕业考试中脱颖而出的各科状元；

体能奖：四年来为校争光的国内外比赛的冠军；

服务奖：四年来各课外活动、学术团队的领军人物（通常主席机会较大）；

鼓励奖：老校友以自己名字捐赠的基金奖。专用于他本人曾参加的课外活动小组的冠军选手，以及家境贫寒的学术小组的成员。上世纪90年代，我亲眼见识贵为总理的吴作栋先生，作为嘉宾，在校庆的现场一次就为母校捐赠了百万的金额。

特殊奖项有：

Dux奖学金：授予全校总学长一人，表彰他为学校的忠诚服务。

史坦福·莱佛士奖：在莱佛士书院的奖项中，这是最高的荣誉奖励。他是公认的品学兼优、有组织天才并在课外活动中拔尖的总学长（学生会主席）！摇篮里的这个男孩吮吸着母亲学校的乳汁，接受了严格的家教，锻炼出坚强的翅膀，有望成为日后国家的栋梁。殊誉不是人人荣膺，凤毛麟角也不是届届出现，如果这届总学长表现平平，那就宁缺毋滥！

你能说，奖项的获得者，尤其是史坦福·莱佛士奖的得主，不是名副其实的明星领袖？

校庆大典还在进行，而今天，

为什么有两面校旗？

为什么唱两首校歌？

为什么平日舞台高坐的老师要移步台下？

这许多的“为什么”一直困扰着我。而校庆大典又如此肃穆、典雅，其雍容华贵只能身受，难以言传！

当年，英语水准近乎文盲又是新移民的我，在校园里连自己的中文名字都看不到，却能被这一仪式深深震撼，只有在泪水不停流淌的当儿，矜持地按捺住强烈的冲动！这冲动，就是我多么希望把这一个个经典的教育艺术画面，传递给我挚爱的曾服务过近20年的那一方热土！

我清楚地记得：坐在正在装修的厨房废墟中，砖瓦为椅，纸盒当桌，查找文献、翻译资料的情景，无非是想把这些“为什么”探出个究竟！

■ 新加坡校园礼仪中国行（前排左五为时任中国教委主管礼仪的唐京伟先生）

不久，中央人民广播电台《空中礼仪学校》的李宏来访，陈院长又专程应时任中国教委主管礼仪的唐京伟先生邀请，前往北京、南通、海口演讲，这古老而又充满活力的异国校园礼仪的神采才有缘在大陆的上空飘荡！

为什么有两面校旗?

■ 一年露一次面的"母校的旗"

庆典开始，一切就绪。首先，两名优秀童子军卫士，身着制服护送旗手由礼堂后门居中踏入。肩披绶带的旗手高擎校旗，三人以礼宾步伐亦步亦趋。全场肃立，目送他们把旗插进台前旗座，这面校旗可不一般，它是一面特殊的旌旗：墨绿丝绒上绣着醒目的校徽：鹰的眼睛注视全场，“前程似锦”的校训直叩心房！平日她淡定地直立于学校博物馆的陈列架中，只有，仅仅只有在校庆这一天她才嫣然露面。这面校旗可不一般，因为她不仅仅属于现在，她属于永恒。属于近两个世纪以来，所有曾在这个摇篮里成长的孩子们，她的名字就叫“母校的旗”！

为什么有两首校歌?

伴随着旌旗的移动，全场歌声响起。是校歌？怎么又不是每天升旗礼上那耳熟能详的那一支？歌词以“她”相称，今年一百九十岁高龄！被唱出来的母亲生日的岁数，随着每一年年龄的增长而变更。这是孩儿对“妈妈”最崇高的赞美！它，重复着母亲的叮咛，似乎在说：孩子“我就是你美妙的梦想”；它，也守护着母亲的座右铭，祝福孩儿“前程似锦——迈向更好的年华”！难道这不是母亲给孩子们最好的祝福？这个校歌的标题是《莱佛士儿女向母校致敬！》！这支歌，也不只属于在校生，她永远属于从这个摇篮里走出的所有的孩子们，她的名字就叫“母校的歌”！

我把这两首歌词摆放在这里，你能看出其中的区别吗？

校歌：

AUSPICIUM MELIORIS AEVI

前程似锦

When Stamford Raffles held the torch
That cast Promethean Flame.
We faced the challenge of the day
To give our school a name.
The eagle eye and gryphon strength
That led us to the fore.
To reign supreme in every sphere.
The Sons of Singapore.

Come heed the call Rafflesians all
And let our hearts be stirring;
We'll do our best whatever the test
And keep our colours flying,
Let comradeship and fervent hope
With one voice make us pray
Auspicium Melioris Aevi
With God to guide the way.

歌词大意：

史坦佛·莱佛士举起这火把，点燃了熊熊火焰。
我们面对每一天挑战，赋予学校响亮名字。

雄鹰眼睛和“格瑞芬”的力量，指引我们向前。
新加坡的儿子啊,要在每一个领域争光；

被叫做“莱佛士人”的我们，个个热血沸腾。
我们力求每个考验完美，让校旗色彩保持绚烂。
志同道合，同声祈祷：在神的指引下，
前程似锦——迈向美好年华！

母校的歌：

RAFFLESIANS SALUTE YOUR ALMA MATER

“莱佛士人”向母校致敬

She is the wonder of your dreams.
A landmark in Lion City.
A name that stood the test of time,
For a *** years of history.
Our Alma Mater reigned supreme
With spirit firm and bold and resolute.
She's the fairest that's at hand,
She's the finest in the land.
Steadfast through the decades, always
Undismayed, Rise to her great motto:
Auspicium Melioris Aevi!
(Repeat)
Rafflesians salute your Alma Mater.

歌词大意：

她是你美妙的梦想，我们狮城的地标；

芳名经历了时间的考验，有着 ___***___ 年的历史；

我们的母亲君临天下，有胆有识，不屈不挠；

她，公正又最完美，

坚定地穿越一个年又个十年。

从不泄气，总是守护着庄严的座右铭：

前程似锦——迈向美好年华！（重复）

“莱佛士人”向母校致敬！

为什么老师要移步下台？

许多典礼，教师都从礼堂后台侧门的两边登场，就座台上。校庆大典可不一样，教师们呢？在这大庆的日子里，他们作为小主人的导师，备受尊崇。全体任课教师衣着学术礼袍，按职位从礼堂后门居中而出，鱼贯而入，穿越全场。所经之处，经久不息的学生、家长的掌声表达了衷心的敬意！他们走向前排就座，一路不时惊喜地发现向你招手微笑的昔日得意门生。

台上就座的是请来的宾客，必然是真正的贵客。他们是在这个“领袖的摇篮”长大的、名副其实的国家领袖：总统、总理、国会议员、三军总长、内阁部长等老校友，以及学校董事会的所有成员。他们要在这个舞台上聆听院长这个“大管家”的账目汇报，这一年，你到底做了些什么？成绩单上有没有败笔？前总理李光耀、吴作栋，总统黄金辉都在我执教时来过母校，参加校庆或家族寄宿学校（Boarding school）的落成典礼。我曾目睹了他们英姿！

对老一辈的“莱佛士人”来说，阔别多年，旧梦重温，似又回到那青春的岁月，十分亲切；而对台下的后生来讲，却是新梦的开始。榜样的力量将激励他们跻身于其中，同样为母校争光！

所谓雁过留声，所幸我在莱佛士的教学经历也有一段被记录在“账簿”中。在这里要摘录一段第175届校庆大典账本的一页，选抽出其中一节，诠释何谓校史，希望借助它来增强你的实感。因为缘自亲身经历，所以才有幸保留至今：

China Immersion Programme

A special paper on "The Floating Classroom on the Yangtze River—a China Immersion Programme Project" was presented by Mdm Wei ling, a Chinese Language Teacher (GEP) at the 5th World Conference on Chinese Language Teaching held in Taipei from 27 to 30th December, 1997. The conference was organized by the World Chinese Language Society and attended by more than 400 participants from all over the world. The participants were very impressed by our programme and some even indicated their interest in wanting to join us in our next trip. We are pleased that this very successful programme embarked on by the school in 1996 and geared to enhance the learning of Chinese Language, history and culture amongst our pupils, has gained commendable world-wide recognition.

原文大意：

1997年12月27至30日于台北，有一篇特殊的文章《扬子江水上学堂—— 一所流动的文化浸濡的水上学校》由高才部华文教师Wei Ling（韦陵）女士在第五届世界华语文教学研讨会宣读并发表。这个会议由世界华文协会主办，有来自世界各地的400多位代表参会。此项目给与会者留下了深刻的印象，有的国家甚至希望下次一同前往。我们很高兴地看到这项于1996年开创、旨在提高学生学习中华语言、历史和文化的活动现在已经得到了世界范围的认可。

■为什么老师移步台下？（校庆大典）

记得会议期间的每个晚上，我下榻的房间门庭若市。不少来自世界各地的朋友聚集一堂。他们详细地了解水上学堂的细节，我们共同切磋日后合作的途径，大家惺惺相惜，建立了难忘的友情。

大会落幕，我们去山林温泉度假村。启程之际，华文协会秘书长（可惜我记不起他的尊名）当着大家的面把我介绍给他的太太，一位尊贵美丽的夫人：

“这就是写‘水上学堂’的新加坡韦陵女士。”慈祥和蔼的老学者指着我介绍道。

“我叫韦陵，‘金陵’的陵，我出生在中国的南京。”我迎了上去，握住夫人的手。

“哦，我们也是从南京出来的，南京人。老乡，老乡！”两位老人和我一样感慨激动！

怪不得在大会闭幕式上，致词的官员还特地提到了我的水上学堂。我想，一定是这位德高望重的秘书长向她提及过我的论文，印象深刻。要不，怎么在与会的四百多人中记得并找到我呢？

我对水上学堂的结论

第五屆
世界華語文教學
研討會論文集

世界華語文教育學會

目錄

世界华语文大会论文集，作者文章发表在第一篇

就像我的文章结束语写的那样：

——水上学堂开创了一种新型的办学模式。作为对正规学校的辅助与补充，它虽只初具雏形，但已充分显示了传统文化与语文教学互动的巨大力量。其作用力足以推动华文教学方式的改革与更新。

■ 会议论文演讲现场

回首往事，我曾感慨自己在教学事业蒸蒸日上之际（全国中学创造杯竞赛获创造杯奖：参赛作品《寸草心》；全国中学创造杯竞赛获辅导艺术奖：参赛论文《高楼下的矮茅屋》），却背井离乡，从北京徙居狮城。自嘲“岂有豪情似旧时，花开花落两由之”。万万想不到今生又遇到“莱佛士”，一个这么好的平台。我为什么不站上去呢？这一站就是十四年，这颗不安分的心终究再搏了一次，庆幸心中的“花”没有过早凋零。

每个孩子都可以成为领袖，是校园礼仪给了他们这样的机会。

写给学生们

——校园中的小主人

领袖篇

领袖，其词义并不是那么狭隘，西方词语里不过就是一个领班人。你想成为领袖吗？俯拾皆是！只要你努力，都有机会展现上苍赋予你的那份才华，彼此之间互为领头羊，成为该领域的“掌门人”。在书院，他们才是舞台上的主角，史册的撰写人。莱佛士人的学生领导者大致分为：

公认领袖：学长（学生会干部）

支持领袖：高年级的大哥哥

特长领袖：各项课外活动的尖子

学术领袖：各年级的年终考试佼佼者

精神领袖：功成名就的老校友

家族领袖：寄宿学校的家族小领班

继前面三个大管家出面唱主角的重大礼仪仪式之后，在另外五个场合呢，大管家院长必须退让，该学生登台出场，他们不仅是典礼仪式的主角，而且扮演着互为领袖的角色，它们是：

新生授名礼： （Junior Rafflesian Investiture Ceremony）

学长就职大典： （Prefects Investiture）

颁奖礼： （Prize Giving Day）

交接礼： （Promethean Day）

毕业典礼： （Graduation Ceremony）

这五个大型庆典个个诠释着成熟的教育理念，引导着学生怎样互为领袖。经典的东西长年保留，因为它们经受住了实践的考验、时间的洗礼，才会常青不衰。

1.跨入校门——新生授名礼
（Junior Rafflesian Investiture Ceremony）

“金字塔”尖上的男孩子(教育部小学高才教育的男生毕业后可选择直

通书院，普通小学的尖子生通过应试选拔，佼佼者也被接纳，相当于“插班”）这些“准莱佛士人”是不是走进校门就能戴上校徽，踏入教室就能坐下上课？没那么简单，因为还没有拿到“登机卡”呢！要过什么样的“海关”？怎样通过这道关卡？这还要一番领袖素质的特种训练。每届新生入校前，都要接受授徽三部曲：户外露营；招兵买马；授徽仪式。

下面我选出两则当年的小学弟刚入校时的“战地素描”。拂去20年的岁月风尘，不知道你眼前的画面是否还是那么明艳？

户外露营

“哎呀！不小心倒了这么多油，怎么办？”真是气死人。也不知道倒了几次，不是太多就是太少！第一次露营，也是我第一次煮饭，就碰到这棘手的问题。平时看妈妈炒菜煎蛋，以为易如反掌，光生火就花了我们一组12个人整整两个半钟头。还没开始煮，大家已筋疲力尽。饭菜没有到口，我们已饿得“前胸贴后背”——快发疯啦！同学们大口大口地吃，没人知道饭是不是完全熟，菜是不是炒得过火发黄。

吃完这顿“丰盛”的晚餐，大家已提不起精神说笑，一头钻进营帐。我累得睁不开眼，却翻来覆去怎么也睡不着。

“啊！”外面传来尖叫声，“你不要……”我跑了出去，有几个人已经围住一顶帐篷。莫非营帐里发生口角？莫非有男孩子无理取闹？莫非是疯子杀人？莫非……我们闯了进去。只见明勇指着一只癞蛤蟆，手在发抖。真是的，大惊小怪！

回到营帐，还是无法入眠。也许是地上一块块石头，一根根树枝，一粒粒不知名的果子压在身下，凹凸不平；也许是蚊子在耳边不停地哼哼叫——如同轰炸机轮番扔炸弹，叮得我浑身又痒又肿，血，都快被吸干了；也许是营帐里又挤又热，又没有枕头——真是受罪啊！

第二天起身，半梦半醒的，就又背起书包，跌跌撞撞地往深山里走。早上，阳光直射眼睛，勉强睁开的双眼又不得不闭上；中午，汗流浃背，饥渴难忍；黄昏，昆虫到处飞，四处钻。就这样，又过了一天——真是活受罪啊！

吃饱了（有了经验，这顿煮得不错），我进了营帐。一躺下就昏昏欲睡。咦！这才发觉：地上一块块石头，一根根树枝，一粒粒不知名的果子压在身下，都不再像昨天那么刺我的肉了。可能是真的累了，也可能比较适应了吧！管它呢，睡了再说。

第三天，大家还是走呀走，可是歌声嘹亮，不间断。好一会儿，我们不约而同地感觉到从来未有的轻松！每天被沉重的学习负荷挤压，原来都喘不过气来！很久没有这样引吭高歌啦！

晚上，吃着露营以来的最后一顿晚餐，望着营火在眼前跳着，跳着，心里有一种依依不舍的感觉。明天，不会再睡在这潮湿的地上。想到这里，我自己也感到惊奇——难道我爱上了这种户外生活？

这一夜，在这即将分手的、又挤又热、又没有枕头的营帐里，我睡得很甜很甜！第四天清晨，拆了帐篷，踏上归途。我也向地上的那一块块石头、一根根树枝、一粒粒不知名的果子致以亲切的告别！

高才班（4H）：林同利

以上露营的场面告诉我们：意志力的训练对于日后可望成为领袖的孩子

多么重要！下面的画面将告诉我们：对于未来可能主宰一方的风云人物而言，团队意识培养的日程表，应该从今天就开始排起。团队意识的形成，不能单靠说教，一蹴而就，它得假以时日，潜移默化：

下午，我们终于抵达了目的地。一位穿着白色童装的老爷爷似乎在迎接我们这些新住户。我们一年级的150人被分成十组，各班同学打散混合在一起。平时，我的同学似乎个个沉默寡言，在课堂上如同“木乃伊”一般。面对这些“外星人”，我不知所措。

傍晚，太阳公公告别了我们，全体同学分头到圣淘沙玩“寻宝”游戏。我们环岛追、追、追，找寻着掩藏在野外的追猎物品。在这里，别的我不讲，只叙述其中一站发生的事：学长叫一个组员跑到旅店的餐厅去查找两种食物的价格，其余的人趴在地上做俯卧撑运动，同时还得大声地唱歌，一直坚持到那位组员查到价格回来为止。通常，被派去的应该是快跑健将，可是，学长让一位身材肥胖的“大蜜蜂”飞去“采蜜”。虽然他尽了最大的力拼命地跑，但当他气喘吁吁跑回来时，我们的口都干了，喉咙都哑了，手臂都酸了。但看到他那为了大家少受苦而自己甘愿受苦的样子，我们没把他当“狗熊”，而把他看成了英雄！

就这样，我们跑来跑去、跳上跳下、爬高爬低，度过了露营的第一天。我们个个筋疲力尽，但睡得很甜。第二天清晨，我起床梳洗时，见到了我的同伴。

奇怪！我发觉这些“外星人”开始接近我了。我不慌也不惊，因为我也认识他们了。第二天，我们又玩了些别的游戏，游戏帮我们与他人进一步沟通，沟通使我们互相信任，信任让我们同心协力，同心协力使我们产生了共同的感情！

奇怪！昨天还是陌生的“外星人”，怎么一下子变成地球上的同类啦！第四天，我们收拾行李准备回家时，回想起这几天的露营生活，真是有趣：组员们同吃同住、同甘共苦、朝夕相处；我们彼此理解，克服困难；不仅培养了自立能力，还建立了稳固的团队精神！

奇怪！这些“外星人”演变成“地球人”就在神不知鬼不觉的当儿，怎么在这短短的几天内，彼此却成了有血有肉、有情有义、有说有笑的好朋友了？再见了，老公公。我想，我还会来的，因为我爱这块土地，更珍惜在这里建立的同学之间的友情！

高才班（1L）作者：王伟雄

招兵买马

“大管家”院长先生前往探访之后，户外集训告一段落。接下来的“招兵买马”将为新生的四年课外活动的选择奠定基调。所有团体在校园八仙过海，各显神通，大摆“龙门阵”。新生在家长带领下，通过观看角色表演、实物展示和参观咨询，在长辈的参谋下慎重地选择自己心仪的项目。这些项目一定适合自己的专长并能激发潜力，而数以百计的领袖也在千锤百炼中成钢。它，将伴随他们四年，中途很难更换。这，就叫——辅助科目，老师也有评语。在升学时，这些评语起到推荐的作用。西方国家考大学，高考的分数与才华能力的评荐并驾齐驱，同等重要！这些团队分为以下四类：

- **制服团队：**国家统一体制的：少年警察、红十字军、学生军、童子

■户外集训（露营）

军、少年旅，等；

- **运动团队：** 体育健儿伸展才华的田径队、曲棍球及橄榄球之类的球队、柔道队，等；
- **文艺团队：** 如军乐队、民乐队、吉他队、合唱团以及华语、英文戏剧社等；
- **学术俱乐部：** 数学、科学、人文历史、棋类以及包罗万象的学术团体。

学生的身影遍布各个角落，就连图书馆、博物室、杂志社等场所，都看得到雏鹰的翱翔。孩子们早就学会了参与学校事务，前面提及的校史编纂，学生就参与了其中，在老师的指导下，他们“衔”来一根根搭窝的枝叶，为摇篮垒起一年一道的围墙。一届届、一根根，代代相传，固若金汤。学校聘用的职工人手有限，任课教师身兼数职。学生年年更新换代，教师也会辞旧布新。无论怎样变换，新旧交接的链环不会脱钩，学校始终保持着香火的传递。

授徽仪式

大礼堂里，舞台下家长难以抑制兴奋；舞台上新生难以克制激动！

首先：院长首先给各班级的班长郑重地佩戴好校徽，他们排列一行，接受了庄严的洗礼！

继而：各班依序次第出场，支持领袖（Support leaders）协助班主任为新生授徽。

他们紧紧地拥抱，几天之内建立的情谊往往终生难忘！这些高年级大哥哥是领着新生稚嫩小手进门的领袖，是走向独立这一过程中搀扶一把的有力手臂，也是同甘共苦时日里接触到的第一批榜样！在播放录影带的时候，我们清楚地看到了这些领袖的创造力以及设计者们的苦心孤诣。

试问，孩子一进校门，耳畔环绕的就是校长那照本宣科、长篇累牍的说教词，他们能吸收多少？您换位思考过吗？

■招兵买马、各显神通

典礼进入倒计时。当刚融入这个大家庭的新成员——小学弟们鹦鹉学舌、当众示范所学到的东西时，赢得掌声雷动！这其中包括：

三首年级歌曲：一个年级有一首“年级歌”，歌词主题鲜明，它们将伴随孩子们四年。分别是：

- 《手牵手》
- 《关怀的声音》
- 《我们还年轻》

鼓舞士气的号子：传统的莱佛士加油的号子不少，其中有一“呼号”（cheer）最刺激！

支持领袖：你是否有这种精神？

全体回答：是，是，是！　　(Yes,Yes,Yes!)

支持领袖：你能做得到吗？

全体回答：是，是，是！　　(Yes,Yes,Yes!)

齐声高喊：我为人人，人人为我！

莱—佛—士！　　(R- A- F- F- L- E- S)

礼堂内起伏着孩子们荡气回肠的呐喊；应和着家长排山倒海的掌声！

你是一名真正的“莱佛士人”了吗？是的！戴上校徽那一刻，你才算得上领袖摇篮中名副其实的一员！比这新一批“莱佛士人”更兴奋的是他们的父母，多少家长为当上“莱佛士人”的爹妈而倾注心血；再就是高年级的大哥哥，为学弟佩戴上校徽，要牺牲自己一周的上课时间！金就砺则利。所谓“我为人人”，娇生惯养的你，能吃这份苦吗？肯无私奉献吗？有服务的爱心吗？易乎哉，不易也！

这么说吧，如果校庆大典为校园留下历史，那么新生授名礼是在为校园延续着传统。从本质上看，这些“支持领袖”们，为莱佛士书院的校园文化起着传宗接代的作用！通过他们语言和肢体的鲜明示范，校园文化才得以完好保存，不会走样，更不会忘却。“授名周”，使得这燃烧了近两个世纪的莱佛士香火袅袅延绵！

何谓“支持领袖”？他们是能说会道、有组织才干、热心公益的高班学兄，这种领袖，并不拘泥于学业成绩。而小学弟们完成了以上授名“三步曲”，也才算真正跨进了莱佛士学府的门槛！

现在你明白了吗？支持领袖的作用是：家谱传承！为了新学弟入学而进行的授名周，这些支持领袖要做的事可不少：

- **运筹帷幄：**这个领导团队在假期就围绕主题策划好活动；
- **决胜郊外：**领袖们分到各班，指导群体游戏，在竞争的氛围中让新生建立团队意识；
- **言传身教：**教校歌、传校训，解释校旗、诠释校徽、演绎号子……为的是传承莱佛士“家谱”，让新生感召莱佛士的精神，他的魅力不减当年；
- **同甘共苦：**“劳其筋骨”、“空乏其身”，为的是让新生尝试未来领袖所必须承受的特殊身心压力，时刻准备着，接好国家的班！

作为教师，流动性大，对于学校来说，他们是暂时的；作为学生，只要书院存在，他们就是永恒的。学生年年更替，学子代代不断，通过支持领袖的言传身教，莱佛士传统能不得以完好地保存并加以沿袭吗？

你能说，这些言传身教的大哥哥，不是小弟弟们心目中伟岸高大的领袖？

2. 群雄争胜 —— 学长就职大典
（Prefects Investiture）

学长团就像我们大陆的学生会，是书院至高无上的学生最高领导团队。他们堪称大管家不可或缺的左右手，举足轻重！

课堂外：他们是维护学生纪律的“警察”；

活动中：他们是忙忙碌碌的“操盘手”；

舞台上：他们是光彩照人的主持人；

庆典后：他们是善后归位的“清洁工”。

譬如各项庆典：活动策划、节目构思；会场安排、舞台布置、会议主持、导陪引领（嘉宾就座、贵宾入席、场地停车、引领院长从办公室出场直至台上就座），偌大的场面胸有成竹、井然有序；分工合作、有条不紊。

看不到一个老师指手画脚，没有一个工作人员七嘴八舌！

什么叫摇篮里的主人？领袖怎样造就？权威如何树立？现在不是一清二楚了吗？

想成为全校的学生领袖吗？那可不易。学长团的整个遴选过程持续数周。

第一步要舌战群雄：学生提名、老师推荐、主管评荐；升旗礼上全校师生聆听竞选演说，各自发表治校大纲、为官之道；

第二步要过关斩将：由学生投票、主管面试、逐一淘汰、呈报院长，大管家亲自权衡，最后“钦定”。

第三步要参加群英大会——就职大典。院长授予殊誉，赋予权力，此刻，是树立学生领袖威信的庄严时刻！

蔚为壮观的就职宣誓，其程序分为：

- 首先，泾渭分明：准学长和现任学长们排成两行从后门步入，穿越中场，长驱直入！现任学长身着学长礼服，脚踏黑色皮鞋；准学长们身着白色短袖校服，白色运动鞋。

- 其次，分道扬镳：行就舞台前，新老两队人马兵分两列，登上舞台。
- 再次，权力交接：离任的总学长移交徽章，为新任总学长佩戴学长徽章。训练有素的现任领袖给新秀们穿上学长礼服并为其佩戴上象征权力的学长徽章。然后是院长授权讲话。
- 最后，举手宣誓：总学长带领新秀集体宣誓。誓词译文大致为：

《学长宣言》

身为学长，校内外举止言行堪为榜样；

发扬传统，不滥用权力，不报复同学；

全力以赴，不辜负大家的重托！

学长团注入了新血，学生团队增添了活力！这一天，大舞台是真正属于他们——这些莱佛士书院的小主人！他们粉墨登场，就连院长、贵宾都屈居台下，更不用提普通教师和学生啦！夸张一点地形容吧，此刻万众瞩目，仰望着这朗朗“星空”，这群受封的小家伙们好不神气！受邀莅临的外校学长们在此祝贺，男男女女身着花花绿绿的学长礼服，俨然一个百花吐艳的盛大群英会！

4P班的学长欧阳宏岳是“莱佛士人”中的领袖，也是我的最爱之一，他在毕业前夕的最后一课递交给我一个礼盒，里面还工整地放着一封信，信里说道：

上一次送费玉清的唱片给您，原来您至今没忘。我这次想再送您一份礼物，又怕你煞费苦心找多份礼物来送还给我，就决定在最后一堂课把它送给您。随着这份礼物，我也写了这封信，写的是我这两年来一直想对您说的话。韦老师每天上的课，我的母亲最清楚了！我每天放学后，都会向妈妈报告您在课堂上所说的话、拿墙角的扫把来解释深刻难懂的词，我母亲听了哈哈大笑……

■ 学长宏岳

“我们力求每个考验完美，让校旗的色彩保持绚烂”，是书院校歌的一句歌词，最重要的一句歌词。它，几乎成了每一个“莱佛士人”的座右铭：激励着每一场比赛、贯穿到每一项活动、渗透进每一个考试，装满在每个人的心灵。

“力求每个考验完美”，它在学长的身上，体现更分明，注脚更详尽。他们除了做人执信，做事也执著！你想知道他们追求完美的执著程度吗？

一次意外的思想碰撞，着实荡涤了我久在尘嚣的污垢！

所谓“不打不成交”，那一天是……

我快步走进大讲堂，开始了期末考试后的试卷订正。我教毕业班，但由于我被分派批阅中二年级的部分试题，所以当天面对的是100多个陌生的面孔。每一门科目只给短短的一节课，节奏要更紧凑，不容详细答疑！就在这时，一位学生举手发问：为什么答案是A而非B？因为他们刚刚涉及“长文缩短”，这道题是一篇文章，又是对逻辑思维与表述能力的综合考核，只在剑桥考试的高级华文的试卷中出现，分数占25%的比例。如果概念不清楚，又不谙其中奥妙，很难捕捉要领。此刻，我难以在这有限的时间做深入全面的阐述，只好简要作答。谁知我语音刚落，这位学生又举手发问：为什么推理如A而非B？我再次作答，而后他又再次举手了！面对着一而再再而三，我心生愠怒，认为他是在“争分数”：斤斤计较、分分必纠。时间在对答中飞逝，我担心无法完成进度，便打断了他，委婉地告诫：分数不是靠“争”来而是靠“挣”来的！之所以我不客气，是因为还有一个偏见。凭直觉：这个皮肤黝黑、眼睛小小而其貌不扬的“小子”，定然是那种平时不用功，靠在考卷上“挖”出个一分半分来混个及格的学生。

下课后，我匆匆离开讲堂，刚下台阶，身后传来叫声：“老师，请等一等！”我回头一望，竟然还是那个孩子。“老师，对不起，我知道您生气而且误会了。其实我已经拿到了A1，不是跟您讨分数，而是想搞明白。不过，这个时候占用您过多的时间，太不应该了！对不起！”我，一位久经“沙场”的老将，望着他，良久，傻傻地杵在那里，目瞪口呆，半天说不出话来。

“放学后，我可以打搅您给我再解释一下吗？”

我点了点头，一股强大的冲击波震慑住我，从这天起，这些莱佛士人，不能不叫我刮目相看！

想不到这群孩子升入到中三，这个“争分”的男孩，就在我的班，而且他是个学长！一位特别“敬业”的学生“敬翔”。王敬翔，这个名字我终生难忘，

“力求每个考验完美”，这就是佩戴学长徽章的“莱佛士精神”！

韦老师：

您对我的教诲，我毕生难忘。在我的读书生涯中可以遇上您这么好的教师，真的是我的福气！

祝您教师节快乐！

王敬翔 启
3P '01
4P '02
莱佛士书院

■ 感言

在新加坡这个弹丸之地，小小年纪的孩子，特别是学长——这些名校的精英、未来的领袖，从小就在“国民教育”的熏陶中接受洗礼，有灵敏的政治嗅觉。例如当年对待外来人才，尤其是蜂拥而至的中国人才，其排斥声沸沸扬扬。他们小小年纪，居然能引经据典、旁征博引，有独到的见解。其精辟，我自愧不如、甘拜下风！下面这篇议论文足以让大家见识一番王敬翔，这位仅有十五六岁的学生领袖的风采与文采：

国民教育篇之外来人才

报章报道：吴总理在２００１年的国庆群众大会中，呼吁人民热烈迎接外来人才，并以“泰山不让土壤，故能成其大；河海不择细流，故能就其深”来说明吸引外来人才对新加坡的重要。

在引进人才方面，我非常同意吴作栋总理的观点。

的确，贯彻明智、有效的识才、用才、育才、留才策略，对任何机构、任何国家，都是至关重要的。

自金融风暴起，我国经济放缓；而世界经济在“911”事件与巴厘岛的爆炸声中也放缓了脚步；如今中东战争，如箭在弦。长期依赖国际市场的国人难免感到了“抢饭碗”的隐忧。依本人之拙见，此时，我国更是需要外来人才。

其实，若要推本溯源，人们会讶异地发现，引进外来人才之源头，是来自中华文化传统，是儒家文化融于政治、企业体制而产生的竞争策略。“修己以安人”里所谓“人”，就是招募外来人才。

总理引用的比喻，也就是秦国大臣李斯在忠告秦王嬴政收回驱逐客卿的旨令时，在《谏逐客书》中的一段劝谏。秦王接受李斯的忠告，收回逐客令，善用和重视客卿，做到“王者不却众庶”，使秦国强大，赢得了天下。而一千余载后，宋朝著名文人洪迈也在《容斋随笔》中以敏锐的观察，说道：七国虎争天下，莫不招致四方之士。然六国所用相，皆其宗族及国人。因此，我深信若我国能采用李斯所谓的“地无四方，民无异国”的政策，必定让我国长足发展。

我国是个缺乏天然资源的弹丸小国，凭着人力资源跻身于发达国家，媲美西方国家。根据常态，一个国家的人才比率是有限的。众所周知，上海人既聪明又精明，这是因为自从上海成为海外强国的条约通商口岸后，一百五十年来，它不断吸引有雄心、有干劲和有才干的人。眼下，连二亿九千万人口的美国尚且要吸纳中国、印度人才到硅谷，更何况三百万人口的我国？

新加坡"发展银行"自聘请了前任副主席兼行政总裁奥尔兹后，经一番内阁重组，已成为具有区域竞争力的银行。显而易见，外来人才对本国金融界的发展起着重要作用。然而，话说回来，我国又不能完全依赖外来人才，特别是在某些领域，我们只能任用本地人才。例如我国国防军人就纯粹只招聘本地人士。试想，若我国连国防部都依赖外来人才，那岂不是无异于成为他国的傀儡，失去国家的掌控权？

一言以蔽之，泰山成其大，在于它囊括了每一寸土壤；河海就其深，在于它汇集了每一条涓涓细流。新加坡要生存，就需要引进人才。国内市场的竞争可能只需要发掘国内人才，但要在国际市场上一决雌雄，必须招贤纳士以补其不足。所以，我们实在没理由排斥这些"客卿"。

高才班（4P）作者 王敬翔

书院学长团队里面，我的学生众多。这是因为我有幸在高才部执教高年级又多教授高级华文。我特别关注他们的政治取向，渗入正确的价值观。这不禁想起应人文科目主任的请求，我为全院学生所做的，关于历史课本提及中国文化大革命这段历史的一次专题讲座。我做了一组影视节目：

1）我所知道的文化大革命

2）我所亲历的文化大革命

对于那些久违的往事，对于这些蜜糖中的孩子，对于曾经发生在遥远国土的悲剧，对于眼前要用英语接受中国“文革”这么复杂历史的一群未谙世故的未来执政者，我真是百感交集！至今我还记得我的结束语，我语重心长地对他们说：

你们是未来的领袖，要以史为鉴，切不可行差踏错！

你能说，这些对国策说得头头是道的小学长们，不是未来的领袖？

3. 小荷出水 —— 半功奖

（Prize Giving Day）

半功奖：顾名思义，指的是初中阶段时过一半（初二结束）所设立的一个奖项。

历经漫漫四年，荷田亭亭玉立；星星点点，宛如人间天上！“小荷才露尖尖角”，怎样能让才露出尖尖角的小荷挺拔刚劲呢？途中充充电，好让这些在中二年级就锋芒初露的星辰继续有能量闪耀！低年级升入高年级，四年的学业过半。脱下短裤，换上长裤，文理科即将分流，意味着一个新的里程碑的开始。在新的起跑线上待命的学生，他们的学业和体能都得接受一次梳理和检验。这一次有效的荷塘“追肥”，分为两个奖项：

体能奖：颁发给崭露头角的运动员；

书籍奖：俗称 Book Prizes，是颁发给中二年终考试的各科年级状元。该奖项与获奖人身份实在是般配，放眼望去，台上人多半书卷气十足，眼镜片在镁光灯下晶晶闪亮，宛如颗颗明星。他们本来就是明星！在校园的学业半边天闪耀。他们是学术领域的领袖，学业互助的带头人。

你能说，这些学习尖子不是各个学科引领方向的领袖？

说到课程学习，在此我要重彩一笔：不要以为在书院考试成绩出众就是优等生。除了正常的考试课程，学生还要特别在三个方面做出努力。

其一，专题研究课题（IRS）。

IRS是指各科教师列出学术专题，学生不分班级，只要志同道合，就携手“揭下”自己心仪的榜题，组合成跨际小组。他们策划于团队、奔走于坊间、咨询于师长，埋头于书斋，共同切磋来完成论文，制作成精美的展板，而后当众演讲，接受老师和旁听者的质疑。评定十分“苛刻”，评分也十分重要，最后全院设擂台作展示，接受咨询，这些课题往往是他们日后创业、理财、治国的雏形。

新加坡的课程教育贯穿一根红线：动手能力的培养。课程表除了1-2个“长天”（Long day），也就是下午排课，几乎每天都是1：30分放学。放学不等于“散学”，莘莘学子课后活跃于校园的每一个角落，动起手来！雷打不动的一个下午，就是属于“IRS”。指导老师必须一对一组地进行悉心辅导、跟踪追查、记录在案、评定推荐，对每人书写评语。

其二，科学实验课程。

实验课在理科教学中也备受重视。各科实验室年终考试前一个多月就开始封闭。届时，全校所有的各位任教老师，我们都要不止一次地下到实验室，排入监考的行列。是啊！新加坡，一个仅有714.3平方公里，又毫无天然资源，就连饮水都要靠邻国马来西亚“进口”的蕞尔小岛，绝不能只培养“书呆子”呀！他们重现实、重实际、重能力、重效益！与其说新加坡教育接轨国际，毋宁说实际上它本身就国际化,只是它双轨并行，实行双语教育，这种模式在世界名牌大学的竞争中，游刃有余：动手和语言能力都胜出一筹。每年，我教过的学生有半数以上都在国外名校深造。

其三，高级华文课程。

在莱佛士这所用英文沟通的学校里，学生们最畏惧华文！面对学习华文

难，难于登青天的他们，更别提高级华文。而高级华文的成绩又那么重要，过不了关，升入初级学院后还要再修这门课，“回锅再炒一次夹生饭”。于是，我总是深情款款：

——孩子，请把手伸过来，让我把钥匙递到你手中！

——有了这把钥匙，彼岸的大门会迎面而开！

看到他们一天天进步，我给他们鼓劲；看着一批批在掌心成才的孩子，又无不惊叹：原来地球竟然如此小，它，就运转在我们手中！

每次对比想想我走出国门，视野空间蓦然开放，心灵的空间却顿时关闭。那是何等地孤独！语言不通乃多么可怕的杀手，就好比两条不同的船要在海浪中接轨。为避免两头不到岸，我建议他们在拿到我交到手心的这把钥匙后再跨出去。那一天，世界华人的大门会朝着你迎面而开。那个时候，你的心智和才智都已成熟，有了驾驭风浪的能力，就无须担心在海上失手翻覆或者随波逐流。

一个从前选过我高级华文专题、做过专题组长的只管三个人的“小领袖”吴奕翰，四年后在毕业典礼之际，他用一枚十分别致的胸针别住一封长信，信中对我说：

> 在这儿送您一副胸针，希望在日后您穿上它时，会想起我这个“懒散，上课时不注意听”的学生吧！回想起来，我第一次与您接触应该就是在中一选作了你的华文IRS专题作业的时候了。当时真是多亏您把分数批得那么高，我和准瑞才能够获奖。

我服务于高才教育部，所教弟子皆出类拔萃。不是我偏袒，故意把分数批得那么高，而是我得天独厚，幸遇明星！他们获奖是靠真本事！我不曾想到，当初踏入校门不久的素昧平生的中一学生，“邂逅”于课题榜。揭下我专题作业的那几个孩子，在他们读中三、中四的时候，我们再度“重逢”，有幸教这个班两年！后来，听说在“数理专题研究”项目方面，准瑞又做了奕翰的专题组长。花团锦簇、相互掩映，在这个“满园春色关不住”的大花园里，你总有“一枝红杏出墙来”的机会！

你能说，专题小组长们难道不是彼此之间互为领袖？

今天，回头再看看这几个当年选择我专题作业的孩子：这个当年被选作华文科目课代表的奕翰，正穿梭于伦敦与纽约，在两个名校攻读法律，立志做学贯中西的双语法律博士，他从纽约打电话告诉我：“虽然几年没摸华文的大门，但有了您给的这把华文的钥匙，我完全可以用双语掌握法律，服务于全球的华人。”他，终于接住了我手中的钥匙，开启了彼岸的大门。言谈话语中充满了自信，他的心智和才智都日臻成熟，有了驾驭风浪的本领，我无须担心他在海上失手翻覆，更不担心船儿摇摆不定，随波逐流；秉绍，则手执政府奖学金在美国“常青藤”的藤尖，生命科学的摇

■ 专题领袖吴奕翰(右二)

篮——著名的“霍普金斯大学”（The Johns Hopkins University）攻读生物科学博士学位；至于准瑞呢？他和孪生弟兄准玮，同班、同门、同师、同台、共同获颁新加坡教育部的“总理书籍奖”！据说这个奖项是颁给剑桥全国普通水准考试中双语得分最高的尖子。

■ 总理书籍奖的领奖台上，正中是班主任林慧

照理，“华侨中学”在英文考试中获取最高分不易，“莱佛士书院”要在高级华文应试中夺魁，也颇为困难啊！好在他们都是“点石成金”之辈。每一年教育部都要举办这一总统、总理特殊奖项。我猜不透为什么教育部亲自发邀请函寄给我本人，郑重地邀请我成为颁奖礼的嘉宾，但却能体会这是对是老师教学的肯定。作为获奖学生的任课老师，我不止一次收到教育部的请柬。这次，看着自己一个班就有四位门生同时矗立于领奖台上，品尝耕耘的成果，有比这更欣慰的吗？

你能说，领奖台上的双语精英不是未来”新-中”交流的领袖？

有多少今日之星，日后都证实了他们的才华。要不，怎么说莱佛士家族（莱佛士书院及其初级学院再次合并，统称莱佛士书院）直通“常青藤”的大门呢？许多手持不同奖学金的学生被送往世界顶级名校。

美国记者Cristay和Ellizabeth Berstein就曾在2004年5月6日的《华尔街日报》报道过（译文为）：

> 820名12月份毕业的新加坡莱佛士初级学院学生中，有超过40%的人已经被美国顶尖的大学录取。他们中大约一半的人会去常青藤——美国最顶尖的学校。其中的学生有90名被康奈尔大学录取，杜克大学录取了24名，还有许多人被美国耶鲁、麻省理工、斯坦佛、哈佛以及英国牛津和剑桥录取。

4. 承上启下——交接礼（Promethean Day）

有多少学生感叹自己一向出类拔萃，曾是全新加坡百分比之巅的优等生，被高才教育挑选出来的凤毛麟角，怎么来到书院，转眼成绩就名落孙山了呢？其实打个比方就够清楚了：神龙不只是长着头，凤凰也不会没有尾巴呀！孔雀开屏之时，谁能说它羽毛上的每一朵花纹不都在绽放着自己的春天呢？没关系，天生我才必有用！校园里有几十个社团，何愁斯人无用武之地！交接礼是为有特长的精英设立，大管家要亲自出马，在这万紫千红的园子里“赏花”，点算“今年的收成”。八月底，学年过半（10月底准备年终大考，12月假期正式开始），各个社团的活动接近尾声。中四的学生提前进入会考，新老领袖的交接迫在眉睫。各个社团的“老前辈”们，他们将其职务连同该团队的标志——“象征物”（Symbol）通过仪式一并转交给下一届的接班人。仪式富有大英帝国鼎盛时期的特色，蔚为壮观。

SPECIAL THANKS TO THE LEADERS OF 2001

CO-CURRICULAR ACTIVITY LEADERS

CCA	CCA Leader 2001	2001	CCA Leader 2002	2001/2
Head Prefect	Daniel Quek	4A		
Deputy Head Prefect	Syed Harun Alhabsyi	4G		
BayleyHouse	Jonathan Kao	4A	Aw Chee Yang	3A
Buckley House	Robin Quek Hon Ming	4H	Muhammad Yazid B. Ninsalam	3I
Hullett House	Jasper Ang Cheng Zhi	4F	Huang Shiming	3F
Moor House	Syahrul Hatta Suratman	4G	Goh Chong Jin, Junasis	3C
Morrison House	Kwek Kian Leong	4D	Sherman Yeo Wei Liang	3G
Air Rifle	Wong Yuan Rui	4A	Liang Kai Cheng	3Q
Athletics	Oh Han Boon	4I	Jonathan Chen	3D
Badminton	Toh Kai Sheng	4G	Shaun Zhang	3H

CCA	CCA Leader 2001	2001	CCA Leader 2002	2001/2
String Ensemble	–	–	Eddie Cai Kunting	3D
Computer Science Club	Pua Jun Hong	4J	Joseph Firmansyah	3P
Mathematics Club	Tan Shin Eik	4P	Ong Chin Siang	3P
Science Club	Peh Wee Ming	4M	Lim Yu Xian	3K
Chinese Drama Circle	Wong Yong Kai	4I	Xu Junling, Darius	3C
Chinese Literary Club	Teo Eng Hao	4E	Ren Cong	3A
Indian Cultural Club	Jayaprakash Gopinath	4J	Parvin Kumar	3H
Malay Cultural Club	Nirwan B. Noran	4H	Mohammad Hirman	3A
Hullett Memorial Club	Christopher Seet	4E	Ong Boon Meng	3F
Interact Club	Su Weixiang	3A	Su Weixiang	3A

■ 2001年学院社团交接名单

蓝天下的八卦阵： 制服团体交接仪式在户外，所谓“制服”就是全国统筹划一的各团队服装。

- **列队入场：** 军乐声中、花样步操、列阵表演，“大管家”在导陪的指引下登上检阅台；
- **亲切交谈：** 他缓步在队列前走过，不时驻足询问；
- **检阅队伍：** 阅兵式开始，各种“部队”经过检阅台，交出漂亮的“成绩单”；
- **庄严敬礼：** 队列到达检阅台时，向“大管家”和全校家庭成员举起手臂，侧目致敬；
- **楚河汉界：** 五大家族在泾渭分明的色彩中摇旗呐喊，头顶上飘扬的五色彩带，脸部文着的五色图案，无不以独到的方式为自己的家族助威！入场时“拉拉队”新编的加油号子气壮山河，每一年都要评选出最富创意的“族号”，其中包括满含新意的动作。任课老师被分派到不同的族群，“领头羊”老师不是本族的首领，而是本族的“高参”。

- **见证交接：** 伴随着扩音器传出的对这些即将卸任者的功绩介绍，新老领袖面向而立，现任领袖将象征权力的勋章、绶带、袖章当众摘下，佩戴在下一任的身上。继而移交该团队的标志——象征物。交接仪式如同翻阅账簿，翻到此处：你能说校史不是以它独特的教育手法，正在掀开它壮丽的又一章吗？
- **热情祝贺：** 授受双方郑重致礼，亲切拥抱，表示祝贺。

礼堂延续接力棒： 非制服社团的接交式接下来在礼堂继续。分类成组，各组伴随着一年下来的业绩介绍，将权力、职位与社团“象征符”（Symbol）一并移交。大管家要盘点这一本“账目”，他在仔仔细细地聆听！

■ 制服团队的领袖交接象征权力的服饰连同象征物

每一位任课老师都必须辅助一个团体。我曾辅佐华文戏剧社和华乐团，因此得以体验到细节。社团内部有缜密的计划、严格的分工，除了主席掌控缰绳，还有财政、内务、宣传部长三驾马车，下设分部组长。从策划到公演，从预算到结账，从聘请教练到费用核计，从户外取材到集中训练，事事都由他们协力承办。就连校内外公演售票的钱，都要点算上交学校。他们是另一群领导者，在发挥自己特长的同时，也在实习经营与管理。

戏剧社的象征符是我从北京带回新加坡的国粹——中国京剧脸谱。师生曾共同为这张“脸”增添过光彩！

1997年的社团主席国修在离任之际，曾在送给我的卡片上写道：“如果没有您的支持，今年的演出不会那么成功，您是一个富有爱心的老师，我深深感受到这份心意。”

1999年的社团财政部长颖翰也有感言：“当您知道我母亲过世后，向我伸出援手，让我早日自立，当上财政。可惜的是，我没把工作做好。我父亲要来看望您，可以吗？”

华社团体的孩子们在家多以华语沟通，他们通常会另辟蹊径，沿着华语的优势发展。看！台上的交接表演还在继续着。在书院：

只要你扬长避短、发掘潜能，就总会找到适合自己的曲目，立足于唱主角的舞台！

“尺有所短，寸有所长”，这各路神仙难道不是交相辉映、才艺互补的领袖？

5. 不说再见 —— 毕业典礼
（Graduation Ceremony）

礼堂内沸腾起来，摇篮里的雏鹰扑打着翅膀，跃跃欲飞！一向被庄严的墨绿装扮，间或点缀着白黑色的礼堂，在这特殊的日子里，居然向毕业生开放，允许他们站上椅子、登上桌子，毕业生一排排手拉着手忘我而动情地喊着、唱着。一部影片《魂断蓝桥》，将一首苏格兰民歌《友谊地久天长》（Auld lang syne）注入了太多的凄美与伤感，只是中文怎么翻译也译不出个中的滋味！

“怎能忘记旧日朋友？”（Should auld acquaintance be forgot，and never brought to mind？）“自古多情伤离别”，雏鹰终究要飞上蓝天，小小的摇篮可留得住他们？

一届又一届，我就是这么无奈地眼看着羽翼下的小鹰离开了我温暖的翅膀！回眸一望，不见踪影。眼下的他们还顾不得许多，只是纵情于呼号声中相拥祝福，似乎要用最后一眼把这一天牢牢地锁进记忆里。

在西方国家备受瞩目的毕业大典，气氛肃穆略带感伤。对依依惜别的“莱佛士人”来说，这是他们一生中重大的日子，生命的转捩点。标志着在这一著名学府的学习生涯从此宣告结束！毕业典礼是书院每年的最后一个庆典，设在十月下旬。这一天，毕业生梳洗得格外整洁，在家长的陪伴下到来。他们一班班、一个个次第上台，从身着学术礼袍、配有特别金链的院长以及副院长或其他嘉宾的手中捧过系着墨绿色丝带的毕业证书。在接受证书的同时，礼堂也荡漾着对他们的诚挚感谢，扩音器播放着他们四年来一路历程。这些对学校无私奉献过的人，连同他们的事迹，逐一得以彰扬。

有特殊贡献的人获颁莱佛士功绩奖，班主任将骄傲地站上舞台，长篇致辞，娓娓道出这个孩子四年为书院所作的杰出奉献。这番深情讲话，对着他，说给那个傍以身边的即将离去的男孩，也对着大家，说给台下面所有的师弟们。

一个灯塔闪耀在领袖成长的航道上，那标准的莱佛士三色在茫茫的大海中为你指引着方向！

最后，毕业生为学校赠送纪念物以及捐款，这些礼物作为一个梦，留在了母校！

身着学术礼袍的教师们，尤其是毕业班老师，分外动容。他们欣慰地看着即将分手的曾朝夕相处的“宝贝儿”（我这样叫他们），不禁潸然泪下！宝贝们也纷纷呈上礼物及祝愿，还有姗姗迟来的歉意：

- “老师，谢谢您像母鸡似的，把我们这些“小蛋”抚养成鹰！”
- “有好几次与您唱反调，故意抬杠。但多亏您处处相让。身为学长的我，要在此道歉，并感谢您在我年少气壮的成长期给予的金玉良言！”

- 注意 1.服用药丸前后一小时内不可吃或喝含有咖啡因的物质。
  2.丸子必须存在冰箱内。

老师，您睡眠不好,这瓶药希望能帮助您。

- 我是刚萌芽的种子，而您则是阳光、水分和肥料……

也有家长写来：

- 致给一个永远敬爱的老师，尤其于当今华文学习风气低迷之际。

您的学生俐铭的母亲

表声嘀嗒

老师，幸亏你没放弃我！我在中三也碰到您教，被我哥视为第二“妈妈”的老师。你让我演小品“忠实的铜牛”中恪守承诺的孩子。我喜欢他，也喜欢上华文。我自己也想不到一个没希望再读高级华文的人，在会考中竟拿到了“A”！我不会说话，这块手表的声音就是我心里要说的话。

上面的话是不爱说话的小胖在两年所说的最多的话，而且是写在纸上。

至今我的手腕上还戴着一块精致的日本精工女表。十几年来它随着我的心跳而跳，绕着我的手腕转了一圈又一圈，原本冰冰冷冷的不锈钢表带总是热呼呼的温暖地贴着我的脉搏！

记得那是中二年终，学科分流的时候，跟不上高级华文进度的孩子就得被拉下来改修普通华文，升入高中后，当别的孩子集中力量，冲刺他们为进大学所选修的预备班专业学科的时候，被拉下来的孩子还得补上缺失的华文课，这就是孩子们为什么不想轻易放弃高级华文的原因，也是他们面对的最大无奈！

一天，一个胖嘟嘟的男生跟着妈妈走到我面前，妈妈说：“老二的华文老师今天告诉我，说锦麟跟不上，劝他放弃高级华文，你看呢？”

“别轻易放弃，再试试吧！老大炳林就很优秀呀！”我说。

“那你就多收一个儿子，我把锦麟也交给你，送到你的班。”妈妈半开玩笑。

提起哥哥炳林，他是我教过的学生中一个让我难忘的学生。不仅学业拔尖，人也特别谦和。虽然家境优越，他却十分节俭。父亲是医生，有自己的私人诊所，而且是得到新加坡政府“公共服务奖”的杰出人才！记得暑假里的一日，我召集孩子们回校补课，大家都备有午餐，唯独炳林没有，看着别人吃。我把带来的午餐拨出一半递给他，说：“你怎么这么节省？胃可受不了。要是我有你这样的儿子就好了！”想不到他回家竟把此话告诉了妈妈，就这样我就成了他名义上的教母！

更想不到的是弟弟锦麟果真也如愿地进了我的班。为了参加全国小品比赛，我选他在由儿童作家刘厚明小说改编成的小品中担任一诺千金的黄小萌。故事说的是他和朋友王大立假期邀约去逛颐和园，大立嫌小萌太胖拖累了自己，就分头自行。他们约好时间在湖畔的铜牛前见面，小萌死守铜牛，寸步不离；而朋友王大立却早已弃约回家。演出结束，主办方中华总商会的工作人员都好喜欢这个胖嘟嘟的锦麟，好可怜这个不离不弃的诚实的小萌！

毕业典礼完毕，我跟他妈妈闲聊，随便提及老二送给我的礼物，那块昂贵的手表。锦麟的母亲竟然诧异万分，原来她一点儿也不知情。这块贵重的手表，是他用积攒的零用钱所买啊！

虽然锦麟全家人都是英文教育的背景，可是他们却有着华人尊师重道的深厚传统。每年华人新年的除夕，我一定会收到由专递公司提前送到家门口的一个贵重的礼篮！里面有酒的醇浓、花的芳香、桔子的吉利，更有至深的华人新春祝福！

至今似乎我仍听到表声“嘀嗒”，不知这个当年被“打入冷宫”而如今作了大律师的小胖，可否也听到手表的心跳？

■锦麟和妈妈在毕业典礼后

最让我心动的是4R 班的全体学生。毕业生们语重心长，4R 班的全体学生在水晶石的金字塔上镌刻着这样的句子，是我教了几十年造句也想不出的如此富有哲理的精辟语言：

你说，你在我们学生中找到了人生的新高峰；

我们说，我们在你课堂中找到了生活的新起点！

泪珠儿哗哗，映着他们的张张笑脸，我为我们共同攀上了金字塔的巅峰而挥手告别！

为什么我要流泪？因为我不忍告别！为什么我会哽咽？因为我难以割舍！我一字一句将几十个孩子的作文打印成册，我要他们“不说再见”！

我们没有分手，为什么要说再见？
打开这本集子，因为我们都在里面：
有你写的字，有他说的话，还有课堂里——我的评评点点！
我们就要分手，还是不要说再见！
有那么一天：挽着你的新娘，牵着你的小儿，来到我面前。
我们再翻开这本集子——回眸一段凝固的时间……

你能说，藏龙卧虎的莱佛士书院，少得了明日的国家级领袖？

■ 不说再见（毕业照）

家教篇

写给家长们

——你们也是摇篮的编织者

每个孩子都可以成为领袖，
是父母老师给了他们这样的机会。

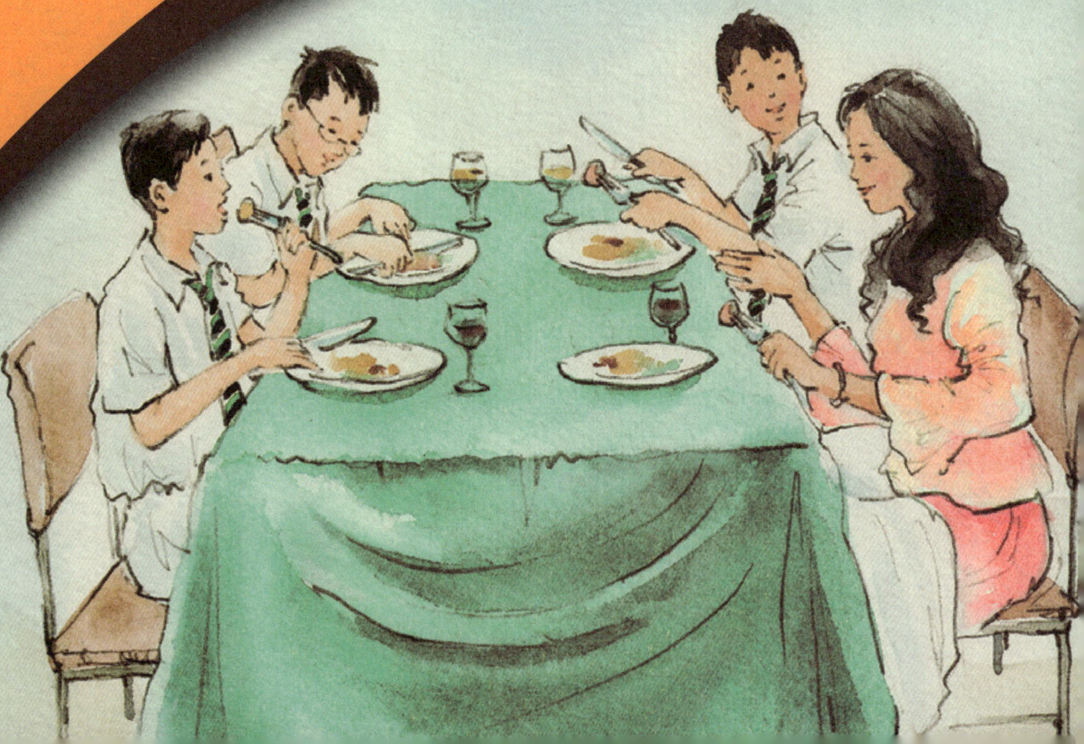

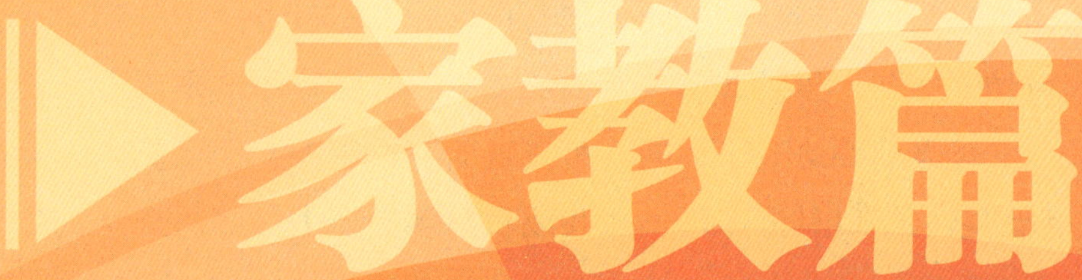

上世纪五六十年代，我们小时候，耳边不乏传来街坊邻里“老子叫不动你……”“老子不打断你……”等诸如此类的训斥声；曾几何时，贵为独生子女的晚辈却不知不觉成了家中的“儿皇帝”！从“天上”掉下来的“老子”们俯首称臣，变成了忠实的“奴仆”。家长到底应该把自己摆放在什么样的位置才合适呢？我想在这里引用我自己的孩子对我说过的一句话来定位：“不是世上的人都有这样的幸运，有一个亦师亦友的母亲。”所谓“师”，传道解惑；所谓“友”，心灵跋涉的牵手人。“校纪家规”是父母老师要给孩子们的不可或缺的第一堂课，个人教养与学校风气就是通过它们得以具体体现。在我成长的年代缺失良好的训练，乃至老大以后遗憾无穷！

一、我所亲历的——矫正自身

怎样解读“亦师”，狭义理解无非是指家长在举止言行方面对孩子的教化。行为不端，背后会招来嗤之以鼻；对于学校而言，一所学校一个大家庭，也少不了清规戒律。莱佛士书院在我四十三岁前去执教的十四个春秋，给我很上过几堂基本课程，还是让我举几个切身例子吧，它们大多发生在初去乍到的那几年，我还清晰地记得那一个个场景……

片断一：“说”

“我一直陪着他把作业做完……不必谢了……那好吧！我会尽力，稍后我会再跟他谈一谈……”我放下话筒，紧接着又要给下一个家长拨另一通电话。就在这个当儿，对面隔着几排桌子的同事庄先生，用很蹩脚的华语客气地对我说：“Mdm（夫人）Wei，至于要用这么大的力气吗？这位家长的耳朵是不是有问题？”一语问得我十分尴尬，要不是忍无可忍，无法再忍，他是不会这样说的，虽然很委婉。通常新加坡人很有教养，他们相当包容，不轻易说三道四。在学校，教师跟学生家长通话是免不了的。那时，都坐在一个大办公室。初来乍到的我，本来声音就大，没准，当时的潜意识里，还希望同事听到通话内容，会夸我工作多么卖力呢！真乃“是可忍，孰不可忍？”

你同不同意？

大声谈话、讲电话是我们的通病，尤其是说得激动时，得意忘形而口沫横飞。

片断二：“吃”

教师们每天都在一起午餐。通常用刀叉，边吃边聊天。一次，一对很有名望的夫妇跟我同桌。说到兴奋处，我挥舞着手中的餐刀，比比划划，不时站起来伸手去拿远处够不着的调料。大家都没作声，闷头吃饭。几天后，女老师把我叫到一旁，略带不好意思地说：“Mdm Wei，考虑再三，我先生还是要我提醒你，挥舞刀叉，尤其是餐刀，是很粗鲁的，还有，就是满口食物而滔滔不绝。另外，千万别起身把手臂跨过桌面，请旁人帮忙递送给你需要的菜肴不是更好吗。你不介意吧？”说不介意是假，几十岁的人，多丢人现眼！记得还有一次是教师节大型晚宴，搅拌完咖啡，我把茶匙留在杯子里。我身边的同事悄悄地把它取出，放进茶盘；喝完后，我又不知该如何是好，想想还是把茶匙又放进杯中，她再次不动声色把它拿出来，翻转过来，底部朝上，并将我的叉子“顺手”移到左边。

你同不同意？

不懂餐桌上的礼仪，有时会让我们手足无措，尤其是妨碍他人食欲的大声咀嚼声。

■每个学生都要实践用餐礼

片断三：“坐”

一位家长来访，我们坐在接待处谈话。我穿着西服短裙，随意而坐。我面对家长，朝向大门。进进出出的师生不少，一个马来籍的女老师走过来，佯装到我身后的学生作业架取东西，把我的转椅旋了个45度，朝我眨眼笑了笑。后来，我才知道，面对面交谈，切忌双腿分开，瘫坐椅上。最好彼此都以45度角相对，右腿搭在左腿上，形象才会优雅端庄；更不要犯这样的错误：一次学生外出活动，在大厅等车，我身着短裙席地而坐。同事走过来，将我双腿并拢。假如春光乍泄，一览无余，将是多么尴尬！

你同不同意？

坐立非小可。电视中瘫坐于沙发、两腿劈开的官员多让人蒙羞，尤其在外交场合。

顺便提及一句，别小瞧握手，搞不好坏大事。想要表达万分热情，一把抓住对方的手，久久不放，实实在在。切记，不可！矫情的人误以为你有什么非礼的企图呢！掌心一半握空，并不削弱你的满心热忱，反而增添了你的庄重与魅力！

片断四：“穿”

近乎赤道的新加坡，四季炎热。我接待过太多国内的师生，他们大多是学生穿着凉鞋，老师穿着圆领汗衫到教室听课或参观校园。校方让我转告他们赶快更衣。其后我才知道，校园是庄严的学府，师生的衣冠必须庄重！学生的发型和尺寸都有规定；对教师而言：大典前一律换上学术袍，其后都挂回教师休息室的衣柜；女教师在办公室“领地”，可以随意趿拉着拖鞋，享用24小时都免费供应的各式茶点；但一出“领地”的大门，连同时露出脚趾和脚后跟的凉鞋都会被禁止。走出“领地”进入课堂，你就不得着休闲衣装。到书院的第二天，我就因穿带有裙裤的套装被劝阻；男教师也不得着球鞋短裤运动衫出入教室；反之，运动会或户外健身活动的时候，如果你西装革履或脚踏“高跟”，也会让人觉得怪怪的，只是大家不说而已，我就是这样慢慢体验到一些细节，回首汗颜。

你同不同意？

穿着是一门艺术。并不是穿得越阔越潮就越好，而是要得体。尤其在不同的场合。

片断五：“举止”

一次我陪同院长回访国内一间著名的中学，课间操时，台上的主持一通大声喊叫，台下的一位年级主任穿着汗衫短裤，提着喇叭站在队前也在嘶喊，观礼台上的我们惊诧万分！这个名校的学生已然很安静，又有外宾观礼，为什么他们还要声嘶力竭？眼前这些教育者的举止要传达什么讯息？是不是官不在乎大小，要的就是这份“权威”！被教育者又传感到什么讯息？要么早已麻木，否则耳濡目染，日后高官厚禄时无形中也会一样，只不过：我的呵斥声会比你更有“权威”！

你同不同意？

举止是心灵的写照。心境平和，行为才不浮躁。尤其在有机会展示自己的时候。

片断六：“进出”

在书院要想见大管家可不容易，得先跟他的秘书预约，届时提前在外听候；如若与校长谈话超过约定时限，那位服务多年的马来族裔女秘书会不讲情面地敲开院长室那厚重的门，伸过头来：这就表示你该结束，要“收场”啦。我因兼任外事部工作，常常出入院长室，对于造访的规则分外熟悉；然而，在国内，我曾拜访过一位全国赫赫有名的校长。我开场白还没完，不速之客就络绎不绝。有礼貌的站在门口“我只有几句话”，而后滔滔不绝、喋喋不休；有的干脆长驱直入，旁若无人！校长呢，也不阻拦，不知道他是以此展现亲和力，还是表现他的平易近人？不过，践约者在几经打断后，早已索然无味，提不起谈话的兴趣。

再则，高堂上的校长，呼唤门口的来者，手势也很重要。得体的手势应该手背朝外，不过“蜻蜓点水”而已；而不是手心朝外，挥臂“招之即来”。就算在外就餐，我们对待侍应生，也该“礼”应如此。

你同不同意？

随和不代表随便。尤其是领导者向下属显示自己为官却又不摆架子的时候。

因为不是在上礼仪课，我不冗谈赘述。以上只是几个烙印在心头的疤痕。

二、我所教过的——解读孩子

怎样解读“亦友”，深层意义上说来，它是灵性的对流，灵魂的对话。孩子与长辈有代沟，但不是断层，并不妨碍情感的水流互动。什么样的家教最好，这门学问实在高深，我说不清。但我可以让莱佛士的学生说话，听听这些高才班孩子(GEP)的诉说，看看这些孩子们的世界里，对完美父母的解读。这些家长的共同特点是：给子女成长的空间！我相信这第一手的资料比我的啰唆更具说服力。

1. “手电筒里的电池”——背后提供动力的人

我的妈妈

我的妈妈是个平凡的女人，我们母子之间相处也很平和。但是，妈妈有不少特点，一些让我受益一生的特点。妈妈最大的优点是她善解人意，体谅我。在这个讲求现实的社会里，许多父母都逼儿女“样样第一”。幸运的是，我妈妈从不这样做。记得我在小学六年级会考的那一年，接近考期，我非常紧张，几乎每天要开“夜车”。妈妈不但不逼我更用功，还劝我抽时间休息和玩耍。

也许，她不知道，但她的那份体谅便是我在会考时段的最佳精神支柱——好比手电筒中的那一颗颗电池！

中二那年，身为班长的我因做错了事和最要好的朋友们闹僵了，我很伤心但又不敢跟妈妈述说，害怕惹来一顿数落。很多家长教育孩子就是一数落起来就没完没了。直到有一天在电话里她听到了整个经过，她没有说话。不久，我过生日的那天，我十分惊讶那些好久没理睬我的人都出现在我家，妈妈特地开了一个盛大的生日聚会！后来我才知道她偷偷记下了那些名字，就在我通电话的那天。过后妈妈又一个一个打电话，邀请他们！

也许，她不知道，但她那时的确是我的救星，好比陪伴我渡过“难江”的菩萨，只是她不是“泥菩萨”，而是有血有肉、法力无边的“活菩萨”！

除了体谅，妈妈一向尊重我，鼓励我自立。如何安排课外活动与温习功课的时间，她都让我决定。我从来没听她唠叨过一次，哪怕我的决定是错误的，她让我去错！口中永远是那句话：“儿子，我相信你！”几次差错下来，我不但不敢乱来，反而在编排时间时格外小心，生怕再错一步！有一回我报名参加了“乐理考试”，过后就住宿于学校。寄宿学校的家族活动太多，我累得要崩溃了！我打电话告诉妈妈，不想去参加比赛。我多么担心她会因失望而大发雷霆："你知道花了多少钱，算过这笔账吗？"谁知道电话那头传来轻柔声音，只轻轻地说："累，就别去了，没关系！你自己做主吧。"

也许，她不知道，那个让我"自己做主"的妈妈，在我起航的那天开始，就把责任的担子一点一点转移到我的船舱，唯有大风大浪时，我才投靠妈妈的"避风港"。

妈妈的"惜字如金"换来我"深思熟虑"。我以为这比我同学告诉我的，他们每天被迫要听家长们的数落："我讲你，都是为你好！"这些口头禅要好得多得多！也许这篇平淡的作文不能为我赢取高分，但我知道它至少是发自我内心的语言。等到我拿得出勇气把这篇文章读给妈妈听的那一天，妈妈一定会以我为荣！

高才班（4H）班长黄国和

你能说，这个曾被烦恼困扰着的小班长不是班级里处理人际关系的重要领袖？

2. "不为演戏的演员"——悉心呵护的人

慈母心

母亲是我心目中的朋友、教师、护士、医生与辅导员。她为扮演这么多的角色牺牲太多太多，但我却从不曾听到她埋怨过。

每当我有什么心事，母亲好像个X光照相机，能看穿我，因为她太了解我了！她像朋友一样，设法帮我解决难题。我难过，她比我更难过。我在学校和同学谈论的热门话题，也可以跟她谈。可见，她比我所有的朋友加起来，还要重要，还要可贵，更值得我珍惜。身为独生子，母亲知道我很孤独。她倾听我的烦恼，分享我的快乐。

我毫不怀疑，无论我怎样伤害了她，她是一位会永远接受我的朋友！母亲在功课上给我帮助，更向我灌输正确的价值观念，她的耐心与细心，无人可比。因为她只有我一个学生呀！

当我心灰意冷时，她的鼓励便是根无形的绳子，把我从绝望的深渊里拖上来。

我毫不怀疑，那根绳子又粗又长，永远会出现在我需要的时候。

母亲也是我的护士与医生。当我生病时，她的护理无微不至，她可不是普通的护士，她的药，比什么灵丹妙药更有效。

当我心碎难过时，她用“爱”的针线把它补好，比最高明医生的手术刀更厉害！

我毫不怀疑，缝啊缝，那一针一线，都用的是心血与感情。

母亲为我辞去工作，对电脑之类的新玩意儿一窍不通。有一次，我病了。她决定帮我打字，她打得很慢很慢，声声入耳，那是母亲的心在跳动。

我毫不怀疑，那份普通的文件实在不普通。母亲三天打了两页，我将永远保留它，那里面的每一个字比金子还值钱呀！

我的母亲是一位慈母。她是我的朋友、老师、护士、医生与辅导员，这些角色她不是在“扮演”，一个再会演戏的演员终究是在演戏啊，她是个不为演戏的演员……

3. “独立是迟早的事”——放手让孩子去闯的人

投诉

“叮！”电梯的门机械地打开了。八楼，对了，就是这里。出去好吗？还是回家好？电梯似乎不耐烦了，门总是关了一半，又再弹开。我不敢继续打扰它，只好踏出门外，踏出了我的保护网。我真恨爸爸，是他逼着我上楼到邻居家告状……

曾经听老师说，有人的邻居晾衣服时，把污水滴在他家的窗上，因此恼羞成怒，挟持菜刀上楼恐吓邻居，结果被判入狱。现在，角色会不会被调换了呢？我楼上的邻居会不会凶神恶煞地跟我辩驳呢？我心跳加速了。

那条走廊很长，很长，走了好久都感觉总走不完。现在是中元节，有一叠没烧完的冥纸撒在地上，天花板已被烟熏黑了。见到这阴森的场面，我转了身，还是改天吧。爸爸为什么这么残忍，明知我胆小怯懦又要我向邻居投诉呢？他说：“独立是迟早的事，你就趁机会学学吧！”我再次掉转了头，重新向那个门走去……

曾经听朋友说，有些人有精神病，终日把自己关在屋里。如果有人骚扰他，他就会大发雷霆，喊打喊杀，见人就打。邻居是否是这样的人？我不敢想象，手掌流汗了。到了。那门上贴了两面桃符，上面的门神凶巴巴地瞪着我。我深呼出一口气，手指慢慢地向门铃移去。颤抖的手指一按，铃声刺破了那沉静，刺破了夜空。别无退路，我心里只是乞求着上天，求那屋里没有人。可是，神就是那么爱捉弄人，一阵沉重的脚步声向着我而来……

曾经听电视说，陌生人最好别招惹。如果搞不好，结了仇，后果就将会不堪设想。我心慌了。这里只有我一个人，有麻烦该怎么办？太迟了，没时间去想了，门已渐渐地打开。我的身子在发抖。事情，总是那么巧妙，那么出乎意料。开门的，是一个六七岁的小女孩，神情比我还紧张呢！她妈妈从厨房跑了出来。“啊！是不是投诉我们晾衣服滴水？对不起啊，是刚请的女佣不懂事，我已经狠狠地说过她。她知道做错，下次不会啦！真是对不起！”我目瞪口呆地望着她。由始至终，我一句话也没说，事情怎么会这么顺利呢？我至今还不敢相信。

曾经听妈妈说，人们往往都不信任自己，最终搞出了大笑话。这也许是对的吧！我咧开嘴笑了。虽然这件事已过去很久，但我记忆犹新。我就是怕跟人打交道，尤其是陌生人。面对棘手的问题，爸爸找机会让我锻炼胆量，自己去闯。这件事也给了我一个重要的启示：人与人应该和谐沟通，也能够做到和谐沟通。人们只要互相体谅，彼此包容，同在一个屋檐下生活不是很和睦吗？

高才班（3R）冼卓佳

执教三十余年，我反而是被教育者。一批批我的学生教育着我如何做一名合格的长辈。其中有不少感动得我无数次流泪的孩子们的作品。我一年又一年在教室里捧读着它们，他们有资格评判什么样的家教是成功的。记得书院的一堂视察课，前来听课的是副院长罗长明先生，主题围绕屠格涅

■"开门的，是一个六七岁的小女孩，神情比我还紧张呢！"

夫笔下《麻雀》中的“母爱”，母爱是无条件的，其最高的境界是“牺牲”。课将结束，作为阅读与鉴赏，我为孩子们读了一篇我收藏了二十多年的，题为《妈妈的小账本》的获一等奖的作品。当我念完后，他竟泪流满面地走到讲台前紧紧握住我的手，良久说不出话来。可见这种“无言”家教的感染力！

4. “此时无声胜有声”——以身作则的人

妈妈的小账本

这天，我打开妈妈的抽屉找磁带，无意间看见了一个我小学用过的破本子。咦？妈妈留着它干什么？我好奇地打开了它。原来妈妈把它当了账本。突然，我产生了一个奇怪的念头，好好看看这个账本，看看妈妈——这个我们家的“财务经理”把那么多的钱都花到哪里去了！记得几天前我心里就盘算：我要过生日了，求妈妈给我买副大象棋，一件羽绒服，再买几本书，妈妈不会不答应。昨天，我向妈妈说到这件事，她笑着拍拍我的头：“小鬼头，人不大，主意倒不少。礼物嘛，当然会买，到时候再说吧！”妈妈越说得含糊，我越着急。我扯住妈妈的衣角，不大高兴地说：“妈，您说得清楚一点儿不好吗？”妈妈那显得苍老的额头上似乎拢上一层愁云，她握住我的手，说：“你已经大了，应该体谅妈妈，你爸爸出差时带走了一笔钱，家里不宽裕，羽绒服就算了吧！”“您和爸爸不是两个月前刚拿到了奖金吗？”妈妈听了我的话后，没有说话。

我失望地站起来，叹了口气，嘟囔着走开了。从门缝里，我看见妈妈在写着什么。我老大地不高兴，心想：哼！妈妈也太抠门了！以前的妈妈可不是这样。我已经是中学生了，向这样撒娇地向妈妈要东西还能有几次？况且是我的生日，妈妈也……

这件事，到现在我心里还别扭。现在好了，我要清清楚楚地看看家里还有多少钱！刚翻了五六页，我就惊奇地发现，妈妈在我身上的花销最大：光是鞋、衣服就足足地用了六十五元七毛八分，是妈妈半个月的薪水，这还不算参考书、英语补习的钱。看到这儿，我真惊讶极了！不知不觉，我怎么花了家里这么多的钱呀！

我不禁想起上次去王府井的情景：那天是星期天，我们来到了北京最热闹的商场，我买了十几本书，又拖着气喘吁吁的妈妈去买衣服。出来时，我想起妈妈要给自己编织衣服的毛线还没有买。谁知她说：“钱不够，下次再买吧！”我连忙说：“等下次，等下次，都等了三个月了！“妈妈擦着脸上的汗水说：“毛衣穿不穿不要紧，能给你买东西妈心里高兴！”回家一算，那一次我就花了四十元。现在想想，昨天向妈妈要羽绒服真是太不应该了。

翻到十一月这篇，我又发现，这两个月鱼肉买得特别多，因为三姑奶奶来了。姑奶奶以前在东北，住在老人院，妈妈接她来我们家养老。妈妈买的鱼肉格外多，自己吃得却更少了。她给别人不停地夹菜，当我们的面前堆满了骨头时，她的碗里总有一块肉。我们给她夹时，她总是指指饭上边的肉，说：“这块还没吃完呢！”有一次我看见她买回一包毛线，对她说：“你要的东西终于买了。”谁知妈妈说：“这是给姑奶奶的，我嘛，等下次吧！”

看完了账本，我突然觉得有点儿不对劲，怎么没有一件是妈妈的东西！我又从头到尾看了一遍，这是怎么回事呢？常听妈妈说："你们都全身披挂，现在该轮到我了。"也常听她打算买一些自己需要的东西，怎么这上面一样也没有？我又往后翻了几页，那是妈妈的购物计划。有的在后面打了钩，有的轻轻被划去。我又一次发现，被划去的是妈妈的东西。最后一页的最后一条："关翔的生日礼物（70元）"，上面那一条轻轻划去了，那是妈妈准备给自己要买的毛线。我一下子惊呆了，我悔恨得简直想打自己的耳光，我为什么要向妈妈要礼物？为什么从不替妈妈想想啊！为了我们这个家，妈妈失去了多少应得的东西。我突然觉得，我是这么样的不懂事！

我拿起笔，重重划去了"关翔的生日礼物"这一条，然后，把妈妈划去的那些，一条一条地抄在后面。我决心，自己也弄个小账本，在妈妈生日那天，拿给她看。并且，买一束美丽的鲜花，让它突然开放在妈妈的面前！

（作者 关翔）

学生的小小世界里，其实不乏失败教育的反面"镜子"。以文为鉴，面对镜子自省，说不定在镜子里反射出来的就是我们脸上的瑕疵。我每读一遍都会告诫自己一次：千万别犯这样的错误！什么错误？它在下边的文章里。我希望普天下的父母以及师长们都能拿着下方这个镜子照一照，是不是镜子里面也有你的影子？

5. “敬爱与怨恨”——被我伤害又伤害了我的人

遗憾的是，我就犯了这样的错误，哪怕就一次。伤害的又是我最得意的门生、最有文学天赋的弟子、最能产生心灵共鸣的学生领袖王伟雄，本书前前后后我不止一次提到过他。（前面的习作“露营”及后面的章节“水上学堂”）下面的这方打碎的镜子里，破损了两个面容、破碎了两颗心！

时间：1999年7月24日

场地：莱佛士书院语言教室

事件：教育部高才教育校际作文竞赛

参赛人：王伟雄（D组 - 1L班27号）

敬爱与怨恨

我曾经敬爱过韦老师。我甚至把她当成我心目中最好又最勤劳的一位老师。但如今这一份“敬”与“爱”都已在一瞬间消失。

因为我恨她。

曾经是和蔼可亲的她，为什么不肯听我诉苦呢？

曾经是善解人意的她，为什么变得如此霸道呢？

曾经是循循善诱的她，为什么这般不讲道理呢？

以上“排比”的运用，是她教我的！

她也教我怎么用各种方法提高写作水平：铺垫、烘托、渲染；比喻、重复、反问……她都一一给我作详细的说明。她真的是一位点石成金的人，教了我许多东西。这次的写作比赛，我都用上了它们，但，却是对她的报复。

比喻——

我对老师的敬爱能比喻成一座灯塔。这座灯塔指引我一个方向，让我这只小船向韦老师那个明媚的小岛驶去。我敬爱她，因为我以为她是个好老师，了解我的品性、心灵；我敬爱她，所以我听她的话、关心她。这灯塔，像珍宝一样，是要人重视的。

但她根本不重视它。

叙述——

星期二早上，在课堂上，韦老师宣布周六有校际写作比赛，她派我和建雄参加。我们两个周六早上都有重要的戏剧彩排，异口同声表示不能参加。她对我们的申述不理不睬，我们能奈她何？直到现在我写这篇文章时，我还不了解她为什么这么固执，是她的本性吗？

在我的印象中，绝对不是。

我和建雄两年前就参加过这个比赛并都获奖，这次应该让别人了。我们苦苦哀求，从部门主任到华文老师，几经辗转，“已经太迟！”韦老师说完这四个字，转身走了。我们又能奈她何？

同学良威告诉我，华文部的老师们都对我非常失望，认为我太过傲慢、自负。我还能怎样奈何他们？

这是韦老师教我的“重复”。

下面是“点染”，也是老师教给我的：

刹那间，天使不再，化为乌云一团。围着我的一道又高又厚的墙垮了，那道墙一直保护着我，给我温暖。而我现在仿佛于城墙的废墟脚下孤零零，在荒野的大漠中瑟缩缩。大风，凛冽地吹；太阳，拼命地烤，烧灼得我裂痕累累。“孤独绝望”见我好欺负似的，一起朝我扑了过来！

曾经炽热的心冰冰冷冷。太阳越晒，我的心越冷。

我知道写了这篇文章不能获奖，我甚至知道若是韦老师读了它不但会生气，她也会心碎，因为我是她关怀备至的学生，而我也未曾使她伤心过。我知道她会因这篇文章而受伤，深心的伤。

我知道这是错的，我知道事后一定会后悔，我也知道自己很傻。但这都是我出自内心的话。

昨晚，我做了一个梦。梦里，我看见我和韦老师站在荒岛上。

韦老师对我说：“这里原本有一座灯塔。”

我看着她的眼眸，说：“可是你根本不重视它！”

灯塔垮了。

…终…

文章转到我手里，我哭了，哭得很伤心！学校要他道歉，我不忍心。该道歉的首先是我，我不能因为自己是师长而再次强迫他。会考后，我们再也没有见面。圣诞过后，在我办公室的信箱里，看到了一张伟雄的圣诞卡，上面写道：

亲爱的韦老师：

我为所做的一切感到非常抱歉。韦老师，对不起！

我希望下次再看到您：眼中不再有泪，而是笑。

伟雄 敬上

此后我再也没有见到他，后来我去过英国剑桥大学，是他拿国家奖学金在那里读法律的时候。泛舟蜿蜒的剑河，波光中处处是他的影子，我真希望在剑桥下与他邂逅，然而没有。告别新加坡前，我不曾料到在闹市乌节路碰到了他的母亲和妹妹，我将手中刚买的两只绒毛大狗递给了他妈妈，一只送给他可爱的小妹，另一只嘱咐她一定要转交给伟雄，一个一辈子难得遇到的具有独特文学情感细胞的好学生、好班长、好学长；一个在小学就获得全国"总理书籍奖"的高素质好孩子；一个被我伤害又伤害了我的人。

■ 中央广播电台记者李宏采访《水上学堂》的小屈原伟雄

6."模糊了'希望'"——伤害稚嫩心灵的人

不想拿名次的冠军

"加油！加油！"场上一片活跃气氛。大家都在兴高采烈看比赛，可他呆坐在那里，眼神没有一点儿光泽。这体育迷怎么啦？今天为什么对运动会毫无兴趣？他大概还在想昨天。考卷发下来："48"分，又是不及格。班主任老师又找他谈话。老师气势汹汹地说："怎么又不及格，几次了？"他低着头没说话，又有什么可说呢？"每次都这样，年级排名，你说说你给班里增了什么光？丢脸的倒是有你，看你是无可救药，没希望了！"老师越说越生气，挥动着手，吐沫横飞。他依旧低着头，没说话，也不想说什么。上课铃响了，他回到特别的座位，孤零零的，心情格外混乱。为什么？为什么说我没希望了？为什么她不理解我？为什么她不知道，也不想知道我是多么渴望跟别人一样拿到好成绩？我用功了呀！这一节是他最爱上的语文课，今天他怎么也无法专心。

“希望本无所谓有，也无所谓无，这正如地上的路……”他的目光停留在课本的这几行字上，是伟人鲁迅说的话。他立刻用手捂住了脸，眼泪吧嗒吧嗒落下，“嘀嗒”一声，打在“路”字上，化开了，模糊了“希望”……

他从回想中转来，运动会正激烈进行着。他心里又有些发痒，真想跑上前去仔细看看。他瞥了一眼老师，又缩了回来。不知老师为什么总是看他不顺眼，每当他站起来半步，都会被老师厉声喝住。这时，他的脑子里突然闪出一个奇怪的念头：“等一会儿，我不给她好好跑，跑赢了，反正我也是没希望。”“男子3000米长跑运动员到检录处点名！”听到广播，他慢慢起身，沉重地向检录处走去。

“各就各位，预备——”

“对，豁出去了！这次我决定不拿名次！”起跑前，他还在想。

“砰！”枪响了，出发了。

一圈。他沉重地跑在后面；两圈。他想上前超过几个，但没加快脚步；三圈。“我是不是还要冲上去？不，没用！”他的心在痛苦地呐喊：“你给班里增了什么光，丢脸的倒是有你！”——这是老师说的。四圈。距离渐渐拉开；五圈。他感到开始有些吃力；六圈。他与第一位相差已有100多米；七圈。听到班里同学在大声喊“加油！”；八圈。“加油”的声浪越来越响；　九圈。他看到同学惊讶的目光，他们好像在说：“怎么啦？你这个天下无敌，年年都拿到第一的飞毛腿，怎么今天变瘟鸡了？”十圈。2000米了，累了，他累了。他的心在流血！心太累了！十一圈。啊！他看到白纸上，墨迹未干的白纸上写着“李铮加油！九班加油！”这都是全班同学的焦急与期盼啊！十二和十三圈。他矛盾极了！“冲吧，不！冲吧，不！”反正“看你是无可救药，没希望了！”这是老师昨天恶狠狠的声音；十四圈。全班人站起来，挥动着手臂：“李铮，加油啊！快！”白纸的标语越来越多，连成一片，同学们跳起来为他使劲，脸上挂着焦急、鼓励和希望。他们用手打着“V”字：胜利！胜利！这是胜利的符号！是全班同学的“希望”！

“砰！”枪响了。还有最后一圈。他受不了啦，不知从哪里来的力量，他疯了似的闭起眼睛撒开腿飞跑！一个、两个、三个、四个，一个个选手被他甩在了后面，他看到前来迎接他的班里同学在终点向他招手。他紧闭着眼睛狠命地朝红线冲了过去……

他拿了第一，他又拿了第一！他又得了冠军！同学们搀扶着他，这时，他哭了。不是为“第一”高兴而流泪，已经没有了“希望”的他，不想拿名次，不想得冠军啊！

（作者：吴江）

《妈妈的小账本》的作者关翔，当年清华附中的初二学生；《不想拿名次的冠军》作者吴江，当年北京二〇六中学的学生，他们都是在全国征文比赛中，经由我过目的一等奖作品获得者。我前去两校找到了他(们)，吸收成为当年北京市“小作协”的主席和会员。关翔后来获“加州理工大学”双电子（EE）专业博士，2004年，他的论文获美国 JSSC 最佳奖——每一年只有一篇，相当于学术界的“奥斯卡”；吴江就只剩下作品跟着我，感动过无数中国、新加坡、美国的他们的同龄人。我真切希望本书中所有提到的有名字和无法找到名字的人，都能联络到我并有机会见面。

■ 哭泣的冠军

三、我所接触的——称职的家长

解读家庭教育，一般的理解：作为金玉良言，晚辈就应该按照长辈的话去做，做得怎样？居高临下的家长通常说了算。其实不然！风筝要靠孩子们去飞，家长只是牵线的人。牵线是一门学问，放飞梦想的学问。天空太大，你上不去，高空的晴雨还得风筝自己体验。

1.“这次，我成了一个喇叭！”——执手跟孩子一起进步的人

“让我说几句”，一位家长站起来，众人的目光都投向观众席。这个年过半百的父亲缓步上前，拿过主持人的话筒，“去年，我跟着书院到‘水上学堂’，那时，我是个哑巴；今年我们又和孩子一起到‘江南开放课室’，一路上我成了个喇叭！”

■『这次，我成了一个喇叭！』

我为他鼓掌，满含热泪。他是我高级华文班学生思扬的爸爸。我深感数年来的辛苦付出值得！

由“哑巴”变“喇叭”，言简意赅，这么形象的比喻，出自一个一年前还开口说不好华语的华人的口，怎么能不让我感动？ 林思扬的父母林先生夫妇二人都有硕士学位，三个孩子都出自新加坡的高才班。思扬父亲在马来西亚有自己的公司；母亲静真为了孩子的教

育毅然放弃银行高级经理的职位，潜心钻研家庭教育、甘心当司机。其中，“我们一起学！”是避免孩子漫漫长路一意孤行、错位偏行的不二法门。老三思扬的兴趣不在华文上，要不，怎么会在第十五届国际生物奥林匹克比赛中获得金牌？思扬的金牌含金量最高，位于16金之首。在85个国家及地区的近500名参赛选手中脱颖而出，排名第一。

为了防止孩子偏科，尤其是忽视华族文化传统，母亲静真几乎参加思扬的所有活动，为他打下手。书院高才部组织武术表演，她到中国买来长剑和折扇送给每个队员；为了能跟儿子用华语对话，她也做了我妹妹的老学生，坚持到她家学华文；夫妇俩第一个报名，相继两年尾随孩子到中国，遍踏大江南北。为了思扬在话剧小品《岳母刺字》中扮演好少年岳飞，夫妻俩和孩子一同久久伫立在岳飞父子的墓冢前，凝思良久，作外景“生活体验”；静真也随身携带一份剧本，一个字一个字注上拼音，一句话一句话和儿子练台词。汇报演出的时候，剧终的对白想起来真令人感叹造化的神奇。

岳母：母亲不能跟你一辈子，今天就特给你刻下“精忠报国”四个字。

岳飞：母亲，请！

岳母：一定要报效国家，你可知道这四个字的含义？

岳飞：孩儿知也！

岳母：你已长大懂事，母亲就放心了。

报效国家，思扬代表新加坡参赛，扬名世界；如今，他远赴美国，在耶鲁大学生命科学系深造。他母亲从新加坡打电话到美国给我，无不感慨地说：“老师，现在我没法跟他‘一起学了’，我追不上啦！”这个“不能跟你一辈子”的角色外的母亲已经看到孩子“长大懂事”，欣然“放心”地松开了手……

■岳母刺字

你能说，在瑞士手捧金牌的思扬，不是为国争光的赛场领袖？

1992年，教育部将小学的高才教育延伸到初中。最先只有三间：莱佛士书院、莱佛士女中、英华中学。静真的三个孩子，分别就读于这三间中学的高才班。她热爱中国，潜心学华语，也了解中国家长心。正因为如此，她也就特别想对中国的家长说几句话。她说：不能只盯着孩子的分数，逼他们挤进大人认为有“前途”的专业，如果这样，就永远没有了前途！而是要全心盯着子女的情趣，跟他们同步同龄。

请看下面林·沈静真女士（Lim_Sin Chey Cheng）如是说：

■静真女士

1.最重要的是培养对书籍和阅读的热爱；

2.培养你的孩子对周遭事物和日常活动的兴趣，帮助他们将学习延伸到课堂之外；

3.控制电玩和电视的时间。

（请对照下面的英文原话）

1. Most importantly, nuture a love for books and reading.

2. Develop your child's interest in his/her surroundings and daily activities and help him/her to learn from everything beyond the classroom and formal lessons.

3. Control time spent on computers, gadgets and television.

因为她的三个孩子“对周遭事物和日常活动的兴趣”不同，最终每个孩子分别选择了不同的专业：艺术、地理、生物；但相同的是：思蔚、思荫、思扬兄弟姐妹三人都对自己的选择有兴趣，这样才能学业优秀。他们先后考入了世界名牌大学：哈佛、牛津、耶鲁，学业成绩名列前茅！他们就读名校是本人兴趣所结出的果实，而不是父母强撒在他们心田的种子。

■金牌之首林思扬（右二）

■金牌正反面

2. “把手中的绳子放得长一点儿”——放飞梦想的人

到了长城，车子刚驻脚，一个男孩迫不及待地拉开车门，一个箭步蹿了出去。他叫李绳武，是我班的学生，新加坡开国元勋李光耀的孙子。他要干什么？

记得几个月前的一个下午，院长秘书通知我：“Mdm Wei，绳武的爸爸要见你，在会议室。”我推门进去，一个温文儒雅的高个子先生前来握手。他是李光耀的次子，“新电讯”公司的总裁李显扬。“听说你们要再次举办《扬子江水上学堂》，绳武想参加。至少这会使他的华语有进步，但是他的兴趣不在华文啊！不过这没关系，他总有要去的道理。”我点点头，表示赞许。“小孩子总是要满天飞的，我们不能总牵着绳子不放，不过把手中的绳子放得长一点儿。我会保证提供最好的支持。”他补充道。

绳武这个孩子很灵秀，说起英语来妙语连珠。华文是弱项，也就不常开口。见到我总是笑笑，很腼腆。他的家教很严，在莱佛士书院放学车满庭院的情况下，从没看到有人接送他，都是自己搭公交车。平时很低调，从不张扬，不显出任何特权；据说，家里对孩子的电视观赏方面有严格规限，起居简单。

话说一向腼腆的李绳武，今天为何如此冲动？当我刚抵达长城脚下的时候，上面有人传下话来：“绳武第一个登上长城顶峰！他在山顶第一时间给父亲打了一个国际漫游。”大概他在电话里对爸爸要说的是，不到长城非好汉，我做到了，而且是第一！“新电讯”的信号越洋过海，跨过天空！新加坡电讯，这世界顶尖的通讯技术，的确提供了最好的支持，他在“世界奇迹”上放飞了梦想，爸爸只不过把手中的绳子放长了一点儿！你从绳武的所作所为，就领略了什么是“莱佛士精神”——骨子里的要强，渗入骨子里的争强好胜！无论何时何地，只要有崭露头角的一道缝隙。据悉，如今小绳武追随祖父的脚步，在英国伦敦攻读法律。至今，我还保留了他在教师节那天送给我的祝福卡片，如今，却不知他是否还记得我？

你能说，这些一心想要“遥遥领先”的孩子，日后怎么会屈居第二，非为领袖？

回想李光耀深谋远虑，在新加坡提倡华文教育，他手中的绳子放得更长！“五大价值观”成为普世教育，是学生道德课教育的准则。我们把它们作为了扬子江上的篆刻课程的内容。李光耀在莱佛士书院的孙子李绳武和李显龙总理在莱佛士女中的女儿修齐，都曾在石头上专注地刻下了价值观的内容，不知这些晚辈们是否在一刀刀仔细刻下文字的同时，也将祖父辈的理念一并刻入了心田？

五大价值观：

亲爱关怀；

孝顺尊长；

互敬互重；

承诺奉献；

恪尽职守。

修齐，这个名字据说取自于《论语》“修身、齐家、治国、平天下”，可见李光耀先生家学渊源，有多么深厚的华族底蕴：个人修养、家庭教育，乃至安邦治国，尽在对子孙的祈望之中！

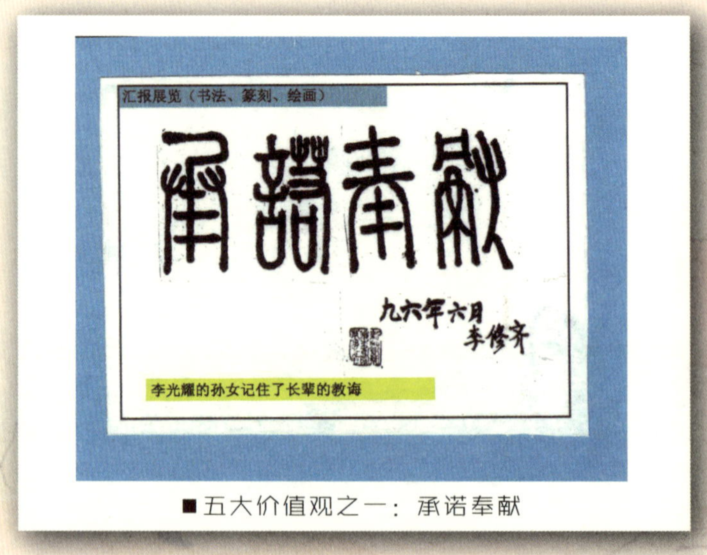

■五大价值观之一：承诺奉献

扬子江水上学堂

四、我所感念的——编织摇篮的每一根枝条

1.悄然变化——扭转华文乾坤的人

华人的伦理道德玄妙高深，怎样使这些抽象的哲理具体化，并得以有效传扬，是全球华裔家长热议的话题之一；华族的文字精确优美，怎样使这些复杂的文字变得活泼生动，学来轻松，也是海外华裔子孙最头疼的问题。

一只跛脚的丑小鸭

新加坡的工作语言文字是英文，莱佛士书院又是传统英校，全校90%以上是华族子弟，以往学生一到假期，却纷纷组团到英语背景的国家，岂不怪哉？那是因为所学历史地理多有涉猎西方。华文仅仅作为母语，更像是中国学校的英文课程，一周仅有几节课。上母语课，不同族裔的子弟，分散到不同的教室，组成母语教学班，且又再划分成高级母语和普通母语。至于种族节日，则不分彼此一起庆祝。多元种族，多元文化，就连语言也少不了多元混杂。上个世纪90年代，我刚到书院接管华文戏剧社时，曾有过一段对话，至今想来还忍俊不禁。那是1993年春节，在礼堂布置华人新年演出的那天下午：

我问社团主席："红绸布去哪里买？"

他随口答道："巴刹呀！"（马来语：市场。）

我又问："舞台灯光怎么办？"

他一本正经："老师，到校工室去找那个'大只'的。"

我诧异："大只的什么？"

"就是那个'穿'着眼镜的Technician（技术员）呀。"

我笑得前仰后合，他却睁大眼睛望着我，莫名其妙，至今我还记得他那憨憨的神情。三句话，竟然三国语言！这就是他们为什么对华文充满畏惧。那么，怎样才能从整体上提高书院的华文素质呢？

■ 庆祝华人新年：猪八戒娶媳妇

悄然发生的蜕变

丑小鸭开始缓缓蜕变！在大洋上蓝天下成群结队地飞翔，在平衡自己翅膀的同时，也平衡着自己的双腿："南雁北飞"对这些远离族群的华裔子孙无疑是有效的举措！正如"水上学堂"校歌里唱的那样：

摇呀摇，船儿是我们的学校，
漂呀漂，水上有我们的家。
祖辈北雁南去，为了找寻梦的天堂，
如今南雁北归，为了回访久违的故乡。

当年，先辈漂洋过海，是为了生存；如今雏雁回访，置身文化的摇篮、英雄的古战场，伫立船头的小华人，是否感受到母亲河的强大脉搏？

"扬子江水上学堂"是书院在扬子江上以游轮为校舍，以大江为课堂，东起武汉西至重庆，直穿三峡开设的一所流动的学堂。也许人们要问：这所环境优雅、校舍豪华、设备齐全的新加坡最著名的学府为什么会舍近求远，不远万里地到条件并非理想的中国大陆去办学，又为什么一定要选择扬子江呢？

这是因为：学习华文除了教学环境，还要有文化背景。要是只学文字，我们不必舍近求远；而学文化，其背景无以替代！

■水上学堂徽标

■水上学堂课本

至于扬子江呢？那是：

一条古老的河，世界著名的河。它是一本流动的历史，一部立体的教科书，一只孕育了人类文明的摇篮！

而水上学堂的文字其实又不是写在纸上，而是写在山间水中。

火车、巴士都是赛场；酒店、龙舟皆设擂台。武昌东湖寓言雕塑园的一个塑像是一张考卷，导游们兼任了考官。孩子们十七天浸泡在华语世界中。作个计算吧！试想想，有哪位老师能逼自己的学生心甘情愿地在假期回学校补近200小时的课呢？小雁归来还在叽叽喳喳：“十七天太短，这两个数字倒过来，七十天才好！”

■古琴台畔留影

一只雁儿出林梢

同样一个题材《端午节》，在女中选修华文的慧婷对我说：“我最讨厌这篇课文，不知道它在说什么，我又不认识谁是屈原。”本来一个伟岸高大的形象，紧缩成只有线条勾勒出的平面轮廓。这幅“画像”已失去了血肉，早就只剩下一副索然的骨架，再加上还有一堆生涩的词语要死记硬背，真是无异于苦读天书！我把课本改成剧本，让《楚魂》在秭归飘荡。演出完毕，她第一个对我说：“我最喜欢屈原，他是我的偶像！”这个偶像究竟是谁？戏中的角色还是戏外的演员？我猜，彼此合二为一了吧！塑造“屈原”的小伟雄，不光为多情的她所仰慕，竟也成了全团的偶像！生病时，雪片一样的慰问卡从一个船舱传递到另一个船舱；一节车厢传递到另一节车厢。回国后成为电视镜头的焦点、报纸访谈的主角、众人瞩目的明星，因为他是再生的屈原！伟雄是我从教以来最有悟性的学生，不愧为新加坡总理书籍奖得主。他在作文《发烧》一文中写道：

屈原投身汨罗江，我高烧到西安。在西安医院，满脑子还是三闾大夫，满眼睛还是抛撒在江心的粽子，满耳朵还是鞭炮和着船工们惊天地泣鬼神的招魂曲，90岁的老爹爹带着他的团队还在锣鼓声中对着大江呼唤亡灵的绝望声：

三闾呀大夫哟，你回来吧！　　嘿咗、嘿咗！
故乡的亲人呀，想念你哟，　　嘿咗、嘿咗！
你的魂魄不能向东，东有阴霾风雨；嘿咗！
你的魂魄不能向西，西有豺狼虎狸；嘿咗！
你的魂魄不能往北，北方举目无亲；嘿咗！

你的魂魄不能往南，江中鱼虾会伤你呀！

嘿咗、嘿咗！……

打完针后，我就睡着了。后来才听说韦老师守护我一夜未眠。第二天她来接我。我多么想拥抱她说声谢谢！但我不敢，也没有机会。我以后一定会报答她的恩情！

我和伟雄，师生情谊从来不必言说；我和伟雄，师生结局竟然却是文字。

我的耳边经常回荡他，作为1L班班长的中一孩子，组织全班同学在教师节那天，把我围在中间所献唱的歌："你问我爱你有多深……"

如今只有两个字：缺憾！

你能说，拥有众多"粉丝"的王伟雄，不是我们大家，还有我的偶像领袖？

南雁北归，其目的正如孩子们所说：我们在山间水中游荡，可又不是在游山玩水！扬子江水上"初级班"结业后，次年转入"高级班"《江南开放课室》。

"课室"书本的扉页写着：

有一本书没有文字，

文字尽在那湖光山色中；脚下每一步写着你要的内容，读着它脑中顿时风起云涌；

有一堂课没有老师，

老师尽在言谈笑语中，有疑问无须敲开它的大门，答案就在这开放的课室中。

■江南开放课室徽标

■江南开放课室课本

那又是另一番话题。作为设计者，我的论文《扬子江水上学堂——一所文化浸濡的流动学校》收于第五届《世界华语文教学研讨会论文集》文首，并在“世界华语文教育学会”作了演讲。能够如此，要感念一位重视华族文化并亲力亲为前去开辟道路的华人院长陈德辉，是他，强力扭转了校园华文学习的乾坤！

原来我们这么美丽！

1993年以后，莱佛士书院在全国剑桥会考的排名榜上一路滑落。陈德辉先生临危受命，担任了院长。在等级森严的校园里，去见院长很不容易。我从北京开完国际天才教育大会回来，做了长足的准备，层层上报，想见到这位可以用华语沟通的新院长。这一天，我终生难忘：

“Mdm Wei Ling，听说你要见我？”我们在十月的阳光下，会考礼堂的大门外相遇。

“是的。”我一股脑儿倒出所有我的“中国之梦”。

“好吧，我们假期就走，来得及吗？”

“没问题，够时间！”我信心满满。

“你能去吗？”

“能！”我毫不犹豫地回答，心中一片憧憬！

从新加坡出发，11月我们离开北京“国家教委”后，随后又来到武汉乘游轮考察长江，为“水上学堂”做准备。造访古琴台的那天，我们又在赫赫有名的归元寺抽了签。随同院长考察的还有两位部门主任，院长的签云：

古琴台畔识古琴，自古难得是知音；

……

当听完我为他解释了禅语之后，他笑着对身边的我们说：“你们就是我的知音”。我下意识地后退了两步，心想：她们是院长的左膀右臂，这不假，至于我呢？不过是个毛遂自荐的带路人！

他们也想知道我的签，我没有作答。今天我也把它放在这里，上云：

丈夫意属国与家，文功武业度年华；

功高盖世将定论，指点江山美如画。

在水上学堂的教学中，我作过一首《知音曲》，是为了回报陈院长的知遇之恩。歌词的前两句沿用了院长禅言原句。

古琴台畔识古琴，自古难得是知音；
高山流水两相知，排忧解难一往情。

后两句是我心底的话，我将尽全力感谢这份知遇之情：义无反顾，无怨无悔！

作为价值观“互敬互重、承诺奉献”的最好注脚，《知音曲》在王伟雄行云流水般的钢琴伴奏下，如诉如泣、泻入大江。这盘记忆中的琴声，音符不再刻在唱盘，而是刻进了我的心！我怎能忘怀那大江上的第一晚？夜深人静，安顿了兴奋不已的孩子们入室就寝后，疲惫不堪的我叫伟雄到船头大厅试琴，为次日的大课作准备。喧嚣的游轮骤然静悄悄，就在这时，琴声响起，顿时，分不出是涛声还是心声，他已经把我的歌化为了天籁！这就是我要的音乐的语言、语言的音乐！我只觉得：心潮比浪潮更澎湃！第二天，大课开始。唱啊唱，琴声和着歌声伴着水声，整个大厅只能找到两个字：“忘情！”随团旁观的家长加入了子女的行列，平日严苛的老师主动牵起学生的手，我们共同体验了痛失知音的互敬互重，感悟到说话算数的承诺奉献，更珍惜当下孩子们接纳了这些价值观，将抽象转换成形象。

是啊，知遇之恩，可说是人类精神的最高境界的感情！它超凡脱俗，是一份被净化了的深层次的感情。不谙中华文化又涉世未深的新加坡孩子，或许本能地知道“女为悦己者容”，却无法理解“士为知己者死”的内涵。

水上学堂的成功，凝聚了书院、女中和许多学校华文老师的心血，是大家智慧与辛劳的结晶。当年，随同院长进行项目考察的科学部主任Tan Siok Mui(淑梅女士)，如今已是莱佛士书院的副院长。

■大江上的演出

发榜的日子到来，书院捷报频频！师生每每战战兢兢，却回回掀起欢乐的狂澜！报纸惊呼：

莱佛士书院重登榜首！——1996年中学排名榜

莱佛士书院仍居榜首！——中学排名1997年成绩发布

莱佛士书院重登优秀中学榜首！——1997年新加坡十大中学之首

莱佛士书院有何秘诀？——排名蝉联第一，创多项纪录

莱佛士书院不断发掘学生潜能！——美中求好、好中求好

莱佛士书院和南中首次登上高增值榜！

莱佛士书院摘冠，因人文科目成绩提高！——是我国六年来最好的成绩！

平日，我不大懂复杂的英语、也不太明白学校排名榜的细节，此刻我只是关心那些与我有关的数字——1999年毕业班的成绩：

1999年高级华文的优秀率：98.44%
（1998年的优秀率仅：53.23%）

我清楚地记得所教班4K的一个男孩子在剑桥口试放榜那天，在我念分数的时候哭了起来。我讶异地望着他：

“全班27个人在剑桥口试中全都拿到了A呀！宝贝儿，你为什么还要哭呢？”我问。

“他们都是A1，我却只拿到一个A2。”他哽咽得更厉害了。我走过去摸摸他的小脑瓜，“哦，原来如此！……不必这样，你们27人都太棒了！这是奇迹，知道吗？奇迹！口试时候，教育部两位主考官笔下，给你们所有的人都是大写的‘A’，这不是奇迹吗”？

一个学生补充道：“对了！老师，你知道吗？难怪口试完毕，主考官出门时，对着我们点头微笑。她夸我们：‘怎么你们每个人的思维逻辑都那么清晰？看来是有备而来！’”

“Hooray！”（万岁）这次，全班雀跃万分，包括那个破涕为笑的小男孩……

有谁知道：

“莱佛士书院摘冠，因人文科目成绩提高”这十六个普普通通的字里面有过何等艰辛？“其中主要一项是高级华文的提升”，这轻巧巧的一句话，如何能描述得出师生们的深情付出！我不算成功者，但想告诫走向成功的你们：要想做成一点点事，除了能力、智慧、吃苦和运气，更重要的还是要摸一摸自己的心：那颗心是不是滚烫，甚至在焚烧！

分数的提高虽然不能单靠文化浸濡，但我至少感受到了书院的悄然变化！雁群每年往返大陆，有一次竟包租了两条豪华游轮，200多人浩浩荡荡！一所几乎只看得见英文、只听得到英语的传统英校，一时间华文电台、报纸、电视纷至沓来，丑小鸭瞬间五彩斑斓！

十年来，我们累积了一套“读万卷书，不如行万里路”的学习方法：

在竞赛中唤醒自尊；
在趣味中找回自信；
在群体中学会自立。

我们所做的一切，无非是希望：

帮学生找到解决华文难学的钥匙；
带他们找到有深厚底蕴的华文背景；
弥补他们在学校课室无法给予的心灵感受和肢体触摸的震撼！

2001年5月5日。教育部GCE(O)水准剑桥考试的听力测验就要开始。那天，我驱车前往学校，坐在身旁的先生问我，怎么广播里的考题篇章那么熟悉？一进校门，考试完毕的学生包围着我欣喜若狂：“老师，今天考的是‘我们的’水上学堂！”一所传统的英校殿堂里，“我们的”华文春天正悄然而至！跛脚鸭伸直了孱弱的另一条腿！那一天上午，“扬子江水上学堂”的讯息伴着美妙的华乐随着电波在新加坡的上空荡漾！在校园的走廊里，见到了院长，我泪水纵横！却说不出一句话。回想这几年身心交瘁的“排忧解难”的历程，耳边再次回荡起古琴台畔的《知音曲》……

你能说，毛毛虫不能异想天开，羽化蜕变成五彩斑斓的花丛领袖？

2. 角色互换—— 可别忘记，学生也会教书

A MILLION ZILLION TRILLION THANKS！！！

（亿万多的感谢！！！）

1997年3月11日，书院GEP(高才部)主任蓝南顺先生致函旗下员工，告知高才部在1996年的新加坡剑桥普通水准考试中以积分（MSG）1.43的平均值取得了“空前”（unprecedented)的好成绩！为了表达感激，特设午宴款待为此辛勤劳作四年的兵团，结尾的语言用了全部是字母大写的黑体字（亿万多的感谢）。

我是华文老师，无法解读这位经验丰富的数学老师的语言数字，也许，他自己也发狂到无法计算自己笔下这数不清的数学数字！

多年前，GEP（Gifted education programe），在新加坡是个多么响亮的名称！能跻身高才教育，能描绘心中所有蓝图，是一生的幸事！不是所有的人都能如愿以偿，即使换得的是“为伊消得人憔悴”！会考成绩‘空前’！我的GEP主任用了成千上万的数学数字来感谢呕心沥血的高才班老师；我是不是也要借用这些数字由衷感念我任教的GEP和我所有的GEP学生？

下面一组“学生卡片上的祝福”，是我从众多的卡片中挑选出的几张。对我个人而言：尘埃落定，炫耀毫无意义；展示于众，也许还有价值。

《学生卡片上的祝福》

庄于谆，1-4H班 特地谢你四年来的指导，我常让你失望，你却从没放弃！

林同利，1-4H班 你就如我们第二母亲，用你教的诗形容你

最恰当不过——随风潜入夜，润物细无声

杜建国，1-4I 班　您是我心目中最细心的、最好的老师，我一定怒(努)力读书，不辜负您的期望！

戴荣恩，4R班　收下这份小小心意，再次感谢生命、人格的伟大工程师！

刘丰源，29/8/97　你那么用心教课，我没尽最大力量去学，难免感到惭愧。您放心，我会用功，在年终考试一定不会让您失望！

罗世丰，1997　“伟”老师：您为学生作了许多“伟大”牺牲。不是您的苦口婆心，我绝对不能对华文产生兴趣，我将以成绩报答您的教育之恩！

林重光，4P　今年拿到的优秀成绩是因为您永垂不朽的功劳，您到底没放弃我！

凯扬，4R班　从一个C6的学生，你把我拉到了B3，这并非小事。你说“大石拦路，勇者视为前进的阶梯；弱者视为前进的障碍”。您的确把我从弱者培养成勇者，教我们千万不能放气（弃）！

林子杰，4J-96　感谢您决定跟我们一起“下地狱”，把我们从悬崖底拉上来。为报答恩典，我答应您尽力争取应得的成绩，不让你失望！

赖俐铭，3M　我能看出您疲倦、憔悴的样子，听见您变嘶哑的声音。有时没听您的话，但决不会让您失望。拿 A 并非那么重要，重要的是有您这样一位老师……

郭丁源，1J　每次看到你为我们跑来跑去，什么都没喝，令你喘不过气来，我一直都记在心里，五体投地地感激你这个爱学生比爱自己孩子多的老师。

陈献炜，4M，1998　有些话埋藏在心里很久了，始终不敢说。每当我经过办公室，看见您低着头改卷子我心里有一种难言的感受，却又不知从何道谢！

准瑞，准玮　在初级学院就读后，似乎觉得有点不对劲，仔细一想，原来我们的503班已不再有华文课程。不禁想起您在我们中三、中四那两年的无微不至……

吴伟刚　您在课堂上教我们写作最主要是写真情实感，否则不过无病呻吟。我大概在会考时真情流露，才能取得好成绩。

■ 刘育硕，3P

老师当我怏怏不乐的时候，你总是鼓励我，为我喊一口气。你总是响我引导路使我走上扩庄大道。你的教教教诲总会在我的脑海里烙印着。你总为我们牺牲健康所以希望今天休息，享受着教师节！

孩子稚嫩的话有时：用词不当、别字不断。但它们绝对：不掺虚伪、不存恭维、字字纯真、句句实在。听到它，会让你不自觉地反省自检，觉得怎么做都做得不够、怎么教都教得不好。每教一届都会由衷地痛心：“我为什么去年没想到应该这么教？”太多的亏欠年复一年地积压，这是一本偿还不清的账。辜负的是一届又一届的毕业生，愧对的是一颗又一颗祝福卡片上的心。这就反倒成了学生在教我，他们像在为我而学，怕我失望伤心！学不好不是对不起父母，而是对不起老师！

老师是长辈，通常会犯这样的错误：学生不得不听他们怎么说，他们却不想听、听不到、不屑听、也不愿听，甚至忌讳倾听学生怎么说！还记得前面提到的我伤害过的学生王伟雄的呐喊吗：“我们又能奈他们何？”

写卡片的人，许多早已记不起容貌；卡片里的心，每一颗都赛过珍珠，值得捧在手心！

听到里面的话，你能不拼命吗？

4H班的学生给我不少溢美之词，那是我在新加坡所教的第一届高才生，我主动要求熟悉一轮，一轮就是四年！会考成绩并不如愿，在他们纯真赞美的声音里，我常常无地自容。

听到里面的话，你能不卖命吗？

是孩子们判定我的“学业”是否合格；是学生们在给我上课，给我的良心上课！

我读师范专业，并不是高才生。怎样做好高才生的老师或者普通孩子的老师？

在此借用卡片中学生吴伟刚的四个字：“真情流露”，只要师生真情互动，站在你肩头的学生，即使不是高才学生，也照样青出于蓝而胜于蓝！

有位名叫赵胜财的学生，我就亲眼看到他的变化。（下文是他两年教师节所写的两张感谢卡）：

1997年－3M班：

非常感谢您今年给我的鼓励，使我回复（恢复）了对华文的信心，对华文产生了性趣（兴趣）！

教到老，居然还调教出学生娃娃的“性趣”？读着卡片，我捧腹大笑。

1998年－4J班：

若不是因为你，我依然在华文的凄风苦雨里飘来荡去。我对它早已放弃，谢谢你这两年却没放弃过我……

下面附的两篇文章，见证着孩子的成长与领悟。

离别

离开自己心爱的人可不是一件容易的事，眼巴巴地看着心爱的人从身边离开，更是极难、极矛盾的事。这一次离开的人是我一直当作榜样、和我从小玩到大的谢东表哥。

我的亲戚们都非常爱谢东表哥——表弟表妹们都敬爱他，叔叔阿姨们都疼爱他。而这一天，他就要去英国，当“美陈”公司分行的营业经理。

在前往飞机场的路上，平时把车内闹得像大减价的百货公司似的我和妹妹，都鸦雀无声地看着窗外飞快后退的景色。我猜，我们俩定然都想着同样一个问题——何时才能与表哥再相见？

到了机场，我和妹妹飞快地跑到集合点，希望能够多看表哥一眼。水池旁可热闹呢！我的三个姑姑、四个阿姨、八个表弟表妹都来了，而那人群中央，正是那张非常熟悉的面孔。那就是我的东哥。

我和妹妹钻进人群，向表哥方向走去。我们碰到了谢东表哥昔日的好多同学，可见他在学校里受欢迎的程度。终于来到表哥面前，我的舌头好像打了个结，脑海里浮现的是一幕幕的美好时光：记起了十六岁的他教会十岁的我怎样踏脚车的可笑情景；记起了我十二岁时他怎样安慰在会考里成绩不理想的我；一段段的喜怒哀乐，像丝、像线……

我尤记得几年前的一个夏天，他出差到英国，到我当时上的学校拜访我。因新、英学生交流计划我派往英国三个月。我那是可想家呢！在他要回新加坡的那个晚上，天下起了倾盆大雨，他差点儿赶不上飞机。因为当时时间匆促，我们就在雨中分不出是雨、是汗、是泪的情况下分了手……

“愣在那儿干嘛？”谢东表哥那沉沉的、富有磁性的嗓音在我耳旁响起，一只手在我面前晃了一下，我从回忆中回到现实。我握了一下他的手，说：“一路顺风！”他拍了拍我的肩膀，叫我好好照顾妹妹，接着他又回头对妹妹说：“不要顽皮，记得听哥哥的话。”

过后，他看着我，真诚地说了声：“保重！”当时的我很想拥着他放声大哭。但是，我怕热腾腾的泪水会烫伤他的心，因此忍着泪跟他说了一声：“你也是。”

我们周围的人都静了下来，看着我们充满感情地告别。东哥的嘴唇抖动着，而我的眼皮不由自主地跳动着，但是，却始终没有哭。东哥的一些女同学哭了，显然是被眼前的这一幕感动的。

这时，冷冷的空气里响起广播声。啊，要上飞机了！我们依依不舍地跟他说了最后一声“再见！”几位女同学上前吻他，使在场的人看着尴尬的他哈哈大笑。

我们陪他走到登机门，他突然回过头来，向我们挥手。我们也发狂似地、情不自禁地向他挥手。比较矮的不断地跳着，希望谢东表哥能看得到他。我们不断地喊着他的名字，不断地喊着祝福的话。看到的人可能会误会我们正在送的是某一位天皇巨星；其实，他在我心目中也确实是位指路明星。

机场外正刮着大风，棕榈叶随风摇曳，像是在向谢东表哥做最后的挥别。

回家的路上，一滴滴的雨水滴落在车窗上，发出“滴答”的声响。这雨水啊，每一滴都代表着我对谢东表哥的思念。真不知道，我们何日再相逢？

高才班（3M）赵胜财

永别

我们都穿着白色的上衣、深蓝色的裤子，坐在那又宽又暗的客厅里。大伙儿都默默无言，平时充满孩子的欢笑声与成年人的说笑声的客厅，此时鸦雀无声。

我们围着祖母的棺材坐着。

一阵风从大门外吹进来——那是寒冷的风，大伯连忙起来，把门关上。但就算他真的把整个屋子的门和窗都紧紧地关上的话，我们的心，依然是冰冷的。

我坐在客厅的一个角落里。静静地、仔细地观察四周的人。他们此刻个个都在沉思，没有一个人的面颊是干的。泪水，溢出眼眶又渗入那红肿的皮肤。

我们正等着二伯一家人从吉隆坡回来。等着他回来，向祖母烧支香，见一面，说一声永别。我们已等了足足两天。

堂妹走过来，坐在我身旁。她低声说道："祖母去世，真难以相信。"

我也觉得如此。我紧紧地握着堂妹的手，说："对呀。我现在还能在我脑海里看到祖母在院子里弯着腰在种菜；还能看到祖母在后院里喂她那心爱的鸽子。"

"别说了，拜托。"

转过头一看，原来是三伯母在说话。她用手巾拼命地擦着双眼，似乎想要把记忆擦掉抹去似的。

我低下头，默默对自己说："人真是古怪。最美好的记忆，却能带给我们最悲伤的痛苦。"

我沉默地坐着，发现空气好像凝固，就像水在零摄氏度以下结冰。妈妈坐在我面前，她那敏捷的双手正飞快地折叠冥纸，手指都染上了金、银、红三色。叔叔在看报纸，但他那呆呆的眼球毫无动弹，看到的并不是新闻报道，而是房子里的悲哀。堂哥在剪指——他非常专心地在剪，但却剪不断对往日的思念。

我知道我眼前的人都沉浸在自己的痛苦中，个个都在想像着一个没有祖母的天地会如何空虚，如何冷漠，如何悲惨。我也一样，每一分一秒都在回想着祖母怎么宠我，怎么照顾我，怎么照顾全家人。特别令我心酸的是当我们回到她家度过农历新年的记忆。我记得她总会忙得手忙脚乱，替大家准备佳肴、准备祭拜祖先、分发红包。她永远会留在我的记忆中，永远是我亲爱的祖母。

大门开了，寒风又吹进来了。

二伯一手拿着行李，一手牵着二伯母的手，傻愣愣地站在大门口。二伯母突然跑进了屋子，跑到棺材边，望了望祖母那慈祥、安然的面孔。

“妈！”她大声地喊了出来，同时，泪水也像瀑布似的涌出。

二伯母的叫声似乎划破了凝固的空气，二伯母的泪好像融化了结了冰的空气。

我们都哭了。

明天，祖母将要出殡。

我们都以泪水与她告别。

高才班（4L）黄建雄（马来西亚华人）

这，就是真情流露！这，就是青胜于蓝！

你能说，不是这些未来领袖们手中的这些七色彩笔，改写了我人生的轨迹？

3. 绿色通道——为中国孩子打开一扇通向世界的大门

“教育需要世界眼光和人类意识”，新加坡莱佛士书院的“中国留学生奖学金交流项目”为这句话做了贴切的注脚。

飞机抵达乌鲁木齐已经是晚上九点。朋友王旗陪同教育厅的官员早就在酒店等候，我们谈论的话题是书院与他们的合作，希望共同开拓一条留学生的新丝绸之路；第二天清晨，我又坐上了飞往长春的班机，去开辟另一条道路。我就在冬日的新疆来不见五指去不见天日的短短几个小时，还没看清她模样的匆匆中，跨越中国大陆的东西两端！这就是当年开拓中国小留学生奖学金项目的一个细节。我要拜见的是吉林石化集团公司国际事业部部长孙宇，却不是教育官员，这又是为什么呢？

“你好！接到妹妹的电话，知道你来。”高大儒雅如白马王子般的孙宇热情握住我的手。

“我想联系‘吉林师大附中’。你妹妹说她曾在该校就读，还对我说，‘去找我哥，他也是出自这所名校’。”孙宇的妹妹是我新加坡的朋友。是她，为我们接上了头。

“这是一件有意义的事，我全力配合！”孙部长说。

我就是这样认识孙宇的。当年着手开始这个项目的时候，就是这样艰辛地一条线索一条线索地衔接，才铺就了今日的康庄大道。在这条路上他曾是功不可没的拓荒者，一个值得信赖托付的人！多年后，我才得知孙宇先生是赫赫有名的中国红顶商人胡雪岩的后代。

“这是一件有意义的事”，这句话非常到位！怎么有意义？还是让有心走这条绿色通道的中国孩子先看看这条路上茂密成荫的“绿色”。

什么是“中国留学生奖学金交流项目”？它是指莱佛士家族不附设任何约束条件的留学奖项。发展到今天，这个项目已经面向书院在华友好学校初三毕业的在校生。有关省份教育厅自下而上，挑选出候选人。通过莱佛士家族的就地考试，膺选者前往狮城就读，奖学金会一直陪伴到高中毕业，总计每个人近60万元人民币。毕业后他们可以选择留下，在新加坡继续深造；也可以前往世界任何一方。我想，这个项目的获得者除了受惠并无附加任何“回报”条件。

为什么谙知经营之道的岛国如此慷慨？这要昂首仰视被誉为“新加坡国

父”的首任总理李光耀先生，重视精英的他希望招揽未来领袖：袖珍岛国也要打造世界级的人才！

在新书《李光耀观天下》（One Man’s View of the World）中写道：12岁的李光耀考入了当地顶尖的英校莱佛士书院（初中部），18岁时考入该校的高中部莱佛士学院，荣获大英帝国女王奖学金，赴英国留学，就读于伦敦经济学院，后转入剑桥大学攻读法律，获得“双重第一荣誉学位”。莱佛士学校的经历使李光耀终生受益，他在回忆录中说：“当年是竞争对抗的年代，也是建立永恒友谊的年代。”

作为早年从莱佛士书院走向世界的新加坡老一代留学生，李光耀先生非常看重各国学子之间的交换与互动，留学期间，他就非常珍视同窗共读的孩提时代所建立的友情。他说：“哪怕你不认识一个人，只要身份背景相同，对方就很容易接受你，学校联系起着很好的作用。”这句话的解读是：在纯真年月所建立的纯洁友谊，历久弥新。他坚信，这些精英日后修炼成各路“神仙”，身为领袖的他们，无论地处何方、身居何职，都会相互提携、方便合作，定然不会忘怀那曾经在异国他乡栽培了他们的第二母校以及青梅竹马的岁月交情。

李光耀与夫人柯玉芝，就是莱佛士书院的同窗校友。

在李资政的倡导下，莱佛士家族和不少自主中学，把目光都投向了人才济济的中国。从此：

一封封邀请函往返于新加坡——中国教育部门的官邸，

一封封协议书穿梭于中国——新加坡顶尖学校的校园；

一份份答卷经过了多少中国少年精英的笔尖，

一张张录取通知抵达了多少年少有为的手心。

这项考试分成两部分，笔试和口试：

笔试有数学、物理和英文。据说英语的水准起自新加坡小学三年级的程度；

口试用英语进行，据说，所考的不限于知识，更重视阳光和自信、自立与包容。

我清楚地记得有这么一桩发生的事情：

“叮铃铃……叮铃铃……”电话打到新加坡我的寓所，对方是中国一间著名中学的校长。

“老师，我校这次考试的状元女孩儿居然落榜，是不是失误？”

“没有失误，而是错误。错在孩子的素质。”作为外事组的工作人员，我作了解答：

“面试的那天，当考官问及：同学相处，如果对方失礼，你将怎样应对？她的回答是：以牙还牙、加倍反击！”

据悉，新加坡的考官当场面面相觑，感慨唏嘘。

几经斡旋，这个聪明绝顶的女孩还是如愿以偿，成为了骄傲的“莱佛士人”，不过当我在女中校园见到她的时候，脸上不再看到傲气！

“我们所招的不一定是学业成绩最好的学生，但一定是综合素质最高的学生；我们所收的不在乎家境的贵贱，但一定把握品行的优劣。”

所到之处王斯芸院长总是这么对学生和家长如是说。这位院长言简意赅、不苟言笑。他的襟怀，要靠你的身心去感受！也许他还记得我在每场说明会上的啰啰嗦嗦吧？至今想起来都会羞愧！是他，教会我说话的技巧：一言中的、惜字如金。他，不愧是出自书院的老莱佛士人，哈佛训练出来的精英。

不附设任何约束条件的“中国留学生奖学金交流项目”，颁发的是全奖。除了提供昂贵的学费、住宿费、膳食费外，大到往返的机票，小到校徽、铅笔，纸头，都由学校支付。学生踏进书院，为其开设的个人户头里就存入了一大笔零用钱。一些来自穷乡僻壤的孩子，用它购买机票，邀请父母前往探访，来报答含辛茹苦、辛勤养育了自己的爹娘！

每年的五月至八月，家族外事部偕同男中女校的校长结伴前往大陆：讲座、答疑；考试、面试。自1995年陪同陈德辉院长超前开路，访问了北京人大附中和武汉外语学校、华师一附中以来，我们的足迹遍布中国十几个省市、数十间名校！数以百计的幸运儿插到中三各班，与本土的孩子打成一片，开始了与一样优秀的“莱佛士人”长达三年的同窗较量。

湖北省教育厅、辽宁省和安徽省等教育厅的外事处，以及人大附中的刘彭芝、刘小惠；华师一附中的李水生、张真；武汉外语学校燕华兴、李茵；武钢三中的刘诗雄等各校的校长们，相继把自己最好的学生，国宝级的奥数教练送到书院，一场接力大赛出现在这条通向成功的绿色通道上。

虽然多年不见，他们的名字我依然脱口而出，因为我们共同开拓了这条绿色通道，都在这条路上刻下了深深的脚印！

的确，十几年来，莱佛士书院以她独特的“绿色”为留学路上的莘莘学子铺就了一条通向成功的通道。在这条绿色通道上，小留学生们往返自由。我这里保存了一张异常珍贵的卡片，上面有第一届莱佛士书院中国奖学金小留学生的签名。我知道卡片上的人来自何方（北京、湖北、上海），但不知如今他们身在何地？

湖北学校学生高亹就读时就崭露头角，当选为学长；

北京人大附中当年的尖子俞波依然出类拔萃，毕业后飘然而去，负笈美国深造，拿到伯克利大学的资助，成为“常春藤”上的芽尖，去圆满他的“生命科学”的探讨之梦；

武汉外语学校的张兆琦选择留下，签约新加坡经济发展局的另一份奖学金，保送英伦著名的经济大学。作为新秀，有望成为架构新、中经济合作交流的桥梁。

这些中国小留学生初到书院，在语言强化的接轨集训后，次年一开学就分散到中三各班，目的是：其一，他们要融入本土，与当地学生相互取长补短；其二，重读初三，必须将已有知识进行语言和思维的转换。

这其中有必要提及文中一开始提到的孙宇及其儿子。

父子两人的留学途径截然不同。当年孙宇抱着破釜沉舟的决心，历经语言的千辛万苦，几近崩溃而后生！现在的他，有了自己的企业“美思德化学”——目前步入上市阶段，成为中国精细化学工业的领军人之一！

儿子孙和旋则不必那么辛苦。作为莱佛士书院的奖学金获得者，他如今也负笈美国，步履却比父亲轻松。他认为莱佛士的“真正的精英教育”使他在学业与观念方面提前了语言和思维模式的国际转换。当下正在OHIO大学就读并决定衔接父亲专业领域的和旋，和其他许多中国小留学生一样，打算日后有成，将以不同的方式同新加坡未来领袖们一道打造未来新加坡，回报第二故乡的厚爱、莱佛士书院的恩情！

窥一斑而见全豹，尾随他的脚步，这样才看得到莱佛士书院“中国留学生奖学金交流项目”的后续之路，走完它的全程。

孙宇父子二人，以不同的角色分别在这条绿色通道上驻足，因为他们既是参与者，也是受益人。想听听他们说点什么吗？

孙宇：

莱佛士书院始于20世纪晚期的《中国留学生奖学金交流项目》，为中国普通家庭的有志中学生打开了一扇通向世界的大门，这在当时是件轰动的事，是平民学子想都不敢想的好事情。在莱佛士，孩子们不仅获得了顶级的知识教育，在头脑和血液中还融入了精英意识和领袖精神，这对他们的一生都将是宝贵的财富。

和旋：

莱佛士学院给我最深的感受，就是竞争。一说到“竞争”，　或许让人马上联想到高考、保送、班级排名等一系列让广大高中生拼得不亦乐乎的残酷经历。然而，在书院，竞争似乎是一种隐性的：看似虚无缥缈但又无时无刻地存在身边。

经常会有这种情况：当你刚刚开始了解你的同学时，你会发现你的同桌是国家数学竞赛奖牌获得者，身后的两名女生是代表新加坡出国比赛的体操运动员，而每天总和你聊中国国情的男孩儿正在新加坡国立大学的对华研究部撰写论文。一两年过后，他们在自己擅长的领域不但更加精进了一步，而且逐渐地成为领袖，独当一面。所以说莱佛士与国内的不同，那就是竞争对象的不同。因为对手不再是我周围的人，我不需要踩在他们的肩膀去获得荣耀，但我必须和自己竞争，要不断地超越自我，在我所关注的领域力争做到极致！

而正是因为这种氛围，莱佛士书院从来都不缺少优秀的人才。因为在学校里的每一个人都清楚地明白，在莱佛士，“优秀”不再是一个向往，一个奢望，而是一个潜移默化、从内心而生的动力。而这种力量（据我对学长和学弟妹的三年观察），并没有因为离开莱佛士而消失，反而因为离开了群雄争胜的校园后，推进了我们的快速成长，成为进入大学后高高耸立的一面面旗帜。莱佛士书院让我第一次接触到了真正的精英教育，并让我看到了素质教育最理想的端倪。

莱佛士的真正价值并不仅仅是“名牌大学的跳板”，也不是拥有了一批保证A-Level高分成绩的“名牌教师”，而是它能帮助学生发现、发掘自己的潜力，在一个理想的氛围中让我们去成就梦想。

作为一名莱佛士毕业生，我在四年中最大的收获并不是借莱佛士之力进入了美国大学殿堂，而是真真切切地将莱佛士精神渗入到了骨髓：Auspicium melioris aevi——我们是未来的期望。尽管这句座右铭缺少了华人的中庸，但正是这种强烈的使命感，让我们无论身处何处，遇到何种艰险，坚定信念，毅然前行……

■ 专题研究（IRS）：身着Bayley家族服装的和旋假期回访自己家族的产业

■ 孙家父子——相继在美国深造

人各有志，不附设任何约束条件的“中国留学生奖学金交流项目”，为中国骄子铺设了一条出国留学的绿色的通道。在这条坦途上，他们的步履似云，又像风。31个首届莱佛士中国全奖小留学生，来自北国各个尖子学校，聚首南洋顶尖著名学府，如今又云游四方，不知所往。我相信，不管他们走到哪里：

莱佛士书院——这响亮的名字，不会从他们的记忆中轻易被抹去；

新加坡——这个曾经用人民的血汗哺育过他们的国家，也不会从他们的记忆中轻易忘却。

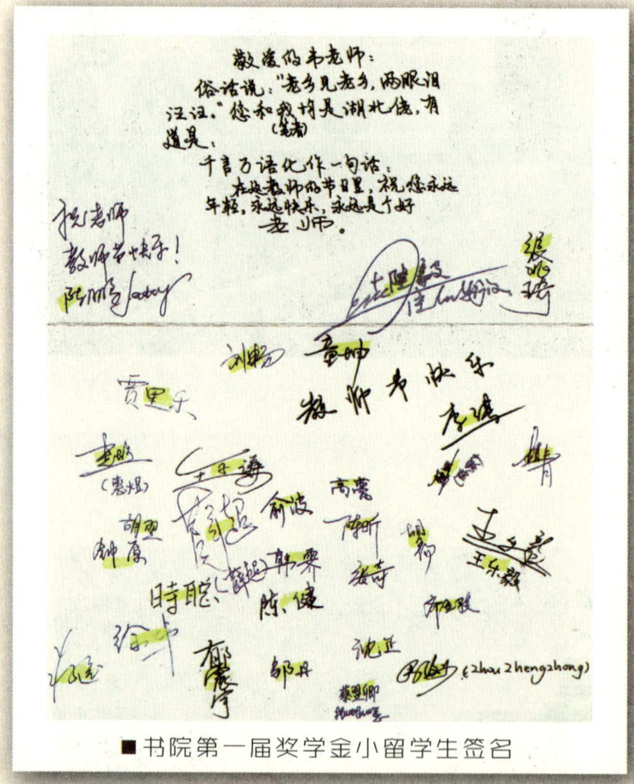
敬爱的韦老师：
俗话说：“老乡见老乡，两眼泪汪汪。”您和我们是湖北佬，有道是：
千言万语化作一句话：
在这教师的节日里，祝您永远年轻，永远快乐，永远是个好老师。
祝老师教师节快乐！
教师节快乐

■书院第一届奖学金小留学生签名

你能说，卡片中这31位首批莱佛士书院的小留学生以及后继者，不会是我们未来“地球村”的领袖？

每个孩子都可以成为领袖，是教育的艺术给了他们这样的机会。

领袖能力的理解测评

互动篇

一、理解测验，让我们一起找答案

据说，把比尔·盖茨的家产换成1美元的钞票，连起来可往返地球和月球19次！盖茨一家啥也不干，也够花一万年！可夫妇二人对孩子的花费严格控制。小儿子看中一个玩具车，他们说什么都没买，而把580亿美元悉数捐出。他说：“我不会把所有财产留给自己的继承人，这对他们没有一点好处。”相信孩子们没有这580亿美元的拖累，将跑得更快！他呼吁，这批资源和财富如果被不务正业的孽子掌控，社会将出现“非常大的问题”！股神巴菲特从不和子女谈钱，他的家训是：流自己的汗，吃自己的饭。他认为子女习惯于伸手要“免费票”那就“害了他，帮倒忙”。他的幼子彼得在《人生由你打造》一书中提及：第一次音乐配音拿到100元稿酬的时候，他哭了！他把钱放进镜框、挂在墙上作为动力。

既然世界首席富翁们对子女如此“吝啬”，那么请思考，为什么：

（一）孩子们没有这580亿美元的拖累，将跑得更快？

（二）继承人若是花花公子，他们掌控了资源和财富，社会将出现什么大问题？

下面栏目中，我选出四篇关于孩童教育的国外杰出作品。即使冒犯到作者，也难以割舍。因为它们都是几经“辗转”，是当年从教时，在学生的辅导资料中挑选、节录、保留下来的。我执教三十余年，在文学作品中见过不计其数的好父母、好老师，比起比尔·盖茨“金钱价值”方面的教育，他们在“品德价值”方面的教育也并不逊色。那些让我一遍遍泪洒讲堂的作品，那些在讲堂上又一遍遍感染过我学生的文字，都是我们共同的所爱！

韦老师，

您真是一位好华文老师。我最喜欢您朗读的文章，因为每一句话、每一个字都充满了感情，仿佛像妈妈讲故事给我听。那种滋味是不能以语言形容的。太巧妙了！ 听故事的

谢谢您

教师节快乐！

■ 听故事的孩子

年复一年，孩子们听着我念的故事成长。卡片中的这个“听故事的孩子”，也有一段自己的故事：一度由于发育期的幻觉而情感错位，成了我所教的另一个班的学长运动明星的“追星”族。是这样的一些故事帮助了他，在孤独中靠听我的故事和编织自己的故事走出失落。一切平稳后，他在《教师节快乐！》的信封里缄封了一首诗，我打开，里面赫然蹦跳出一颗曾经挣扎的心：

给韦老师

八月三十一日

迷失在一片无边的大海中，

一条金鱼感到恐惧。
小鱼四处张望：
东边是暗潮，
南边是看不透的深蓝，
西边是围堵的冰块，
北边是绝望与惊惶。
怎么办？ 寻死？ 不！
要寻求逃生的途径。
金鱼绞尽脑汁，
原来海中的小鱼都有第六感！
冷静思索，回家的路去向自然就会浮现心海。
想啊想…思啊思…
哪怕大脑迷乱，濒临崩溃的边缘。
知道了！
只要保持静态，快把满脑翻滚的血红赶入平静的蓝海！
小鱼甩着尾巴，加快速度，
越游越快，终于一点点找到回家的路！

常态的人在常态的情况下，我（们）解读不出，捉摸不到诗中“满脑翻滚的血红”所刻画的幻觉轨迹。但我确实每天都在观察他——我的华文课代表——小脸上的自卑与落寞，我唯一能做的是倾听，耐心地倾听。在他所写的那一篇又一篇的满纸血红的故事海洋中，倾听那不寻常的潮起潮落，并对着大潮拼命呐喊：“小鱼，托起你的尾巴！千万别下沉！我们一同去找‘回家的路’”！

毕业典礼那天，我也把他在药物亢奋状况下一天一篇所杜撰出的“天方夜谭”装订起来交还了他。交还时，我在集子的封面感慨万分，写道：

失落的日子

两年相处，你在我身旁。
从依恋到迷失，一只可怜的小羊。
如今你找回了自己，眼中已看不到彷徨。
我将这些失落的日子还给你，
看到它就看到了成长。

毕业前夕，这个腼腆而温顺的孩子在风雨过后，还不忘说一句“再声谢谢”！可是我是多么不能原谅自己的失职并愧对他的感谢，竟在同年级其他班的课堂上为猎奇的学生读过他所写的故事，今天，我真希望他能在这里听到我对他说声“对不起”！

再声谢谢！
还记得我上次中了"疯狂写作文症"，你愿意抽出短少却宝贵的时间批改一我忠心感谢你的一份真诚、待人诚恳的心！
虽然我们彼此要告别，但是我永远会记住你在我彷徨无助的时候向我说的金玉良言！
谢谢！

■ 再声谢谢

“我最喜欢您朗读的文章，仿佛像妈妈讲故事给我听。”你也想听听我们都喜欢的其中一些故事吗？作品中栩栩如生地从不同的角度跳出来一批懂得教育的人，我多么希望个中的他们也能为你所爱！它们是：

《我的第一首诗》

《母亲的礼物》

《爹是弓，我们是箭》

《老师的启示》

这四篇文章，建议教师或家长为孩子朗读，然后能和孩子们一起完成理解测验。

1. 平衡，是成功的秘诀

我的第一首诗

我八岁就写下了我的第一首诗。妈妈边读边嚷：“真美！真是你写的吗？”我面红耳赤，心里充满骄傲。妈妈赞不绝口，甚至说神童才写得出如此美妙的诗篇！“爸爸何时回来？”我兴高采烈地问，我简直等不及了。他呀，是好莱坞著名的剧作家，一个大名鼎鼎的人物。我想：他一定比妈妈更能评判我的诗。我做了充分准备迎接他回来：重新抄写了一遍，又用彩笔画上花边，最后把它放在餐桌上爸爸的盘子里。我等啊等，好不容易等到七点半，爸爸怒气冲冲回到家，他大发牢骚，埋怨同事不跟他配合。

“不过，亲爱的，巴德创造了一个奇迹。”妈妈劝道：“他写了一首诗，写得美极了！”“要是你不介意的话”，爸爸打断了妈妈，“还是让我自己来评评吧”。爸爸读诗的时候，我的脸几乎要埋进盘子里！诗只有十几行，爸爸似乎读了好几个小时！我大气都不敢喘——终于我听见爸爸把诗放回盘里。他直截了当地评判：“依我看，诗写得很糟！”我抬不起头，眼中顿时涌出泪花！

“亲爱的，你这个人就是让人搞不明白”，妈妈生气了，“巴德还小，这是他学写的第一首诗，他需要鼓励。你现在不是在办公室里”！“世上的劣诗太多了”，爸爸很固执：“如果孩子写不出好诗，并没有哪条法律规定他非得当诗人不可！”爸爸和妈妈为此争执不休。我再也无法忍耐。我跑回卧室，一头栽倒在床上，痛苦地呜咽起来。

风波平息得很快，爸爸毕竟是爸爸呀！我继续写诗，只是再也不敢拿给爸爸看了。

过了几年，我回过头重新读那首诗——这时我才体会到，它果真写得很糟！后来，我壮着胆子给爸爸看了一篇我写的短篇小说，爸爸认为勉强可以，只是啰嗦了一点儿。

岁月流逝。多年过去。我成了著名作家：书店在卖我的小说，舞台在演我的戏剧。今天，当我被无数“歌颂”和“批评”包围时，我又想起我那第一首诗和它引起的插曲。我感到庆幸——从孩提时代，就既有爱说“真美”的母亲，又有爱说“真糟”的父亲！是他们教会了我如何对待形形色色的“肯定”和“否定”——首先，我得不惧怕批评，不管这些“评判”多么令人心碎！我决不能因为别人的否定而丧失勇往直前的勇气，另一方面，我又得在一片赞扬声中克服内心深处的自我陶醉！

“真美！”“真糟！”——这些似乎完全对立又相辅相成的话语，一直伴随着我在人生的道路上跋涉。它们就像两股方向相反的风——我得竭尽全力在这两股强风中驾稳我的风帆。

（美国）巴德·舒尔伯格

理解测验（一）

1.诗只有十几行，爸爸似乎读了好几个小时！

（1）父亲工作繁忙，下班后打不起精神阅读儿子的诗歌。（　　）

（2）儿子等待父亲的评判结果，心情十分紧张。（　　）

2.它们就像两股方向相反的风——我得竭尽全力在这两股强风中驾稳我的风帆。

（1）比喻父母亲两人从不同角度要求，孩子不会在成长的路上偏失方向。（　　）

（2）比喻人生的路会遇到各种复杂的状况，不能轻易放松舵盘。（　　）

2. 类比，是医治挫折的妙方

母亲的礼物

我理所当然地认为，母亲就是做三明治和家务事的。这位有理想的聪明女性，这位在我出生前曾有过工作，并最终重新走上工作的女性，在我读小学的岁月里几乎天天都和我一起吃午饭。

我上三年级的一次午餐使我终生难忘。我被选为在学校的一部剧里扮演公主的角色。几个星期以来，母亲一直不辞劳苦地帮助我排练台词。可是我不管在家里背得多么熟练，只要一站到台上，我脑子里便一片空白，一句也记不住了。最后，老师把我叫了去，她要我改换一个旁白的角色。她的话尽管说得很温和，但还是刺痛了我。我眼睁睁地看着公主的角色给了另一个女孩儿。

那天回家吃午饭时，我没有把发生的事告诉母亲，但她还是觉察出我的不安。她没有提议继续排练台词，而是问我是否愿意去花园散散步。

那是个美丽的春天，玫瑰吐出新绿。高大的榆树下，一束束黄色的蒲公英从绿草中跃然而出。母亲在花坛边弯下腰来，小心翼翼地拔了一束蒲公英。“我想，我们应该把这些都拔掉。”她说，“从现在起我们在花园里只种植玫瑰”。

“可是，我喜欢蒲公英。”我反对说，“所有的花都是美丽的，蒲公英也不例外”。

母亲严肃地看着我说：“是的，所有的花都以自己的方式给我们带来美的享受。”我点点头，为我说服了母亲而感到高兴。“对人也一样。”她接着说，“并不是每个人都能扮演公主，这也没有必要感到羞愧”。

既然母亲已经猜到了让我痛心的事，我便哭着把发生的一切告诉了她，她听后宽慰地笑了。

“你将成为优秀的旁白演员”她说，“旁白和公主同样重要！”

几个星期以来，在母亲的不断鼓励下，我渐渐为自己的角色骄傲。演出那天，我在后台很紧张。开演前几分钟，老师向我走来："你母亲让我把这个交给你。"说着，她递给我一枝蒲公英。它的边已开始卷曲，茎也枯萎了。一想到母亲正在外面，想到我们午时的谈话，我又信心十足。演出结束，我把放在口袋里的蒲公英带回家，母亲把它夹在字典里。

我常常回忆和母亲在正午柔和的阳光中一起午餐的情景：洗衣机的轰鸣，炉子上水壶发出的"咝咝"声。它们使我懂得生活的滋味是从日常的生活中，与所爱的人一起分享的小小快乐中体味到的。透过花生酱三明治和巧克力饼干，我第一次，并且永远懂得：爱，存在于微不足道的小事当中。

几个月前，母亲来看望我。一天，我放下工作陪她去午餐。

"妈妈，我小时候，你整天待在家里，一定很厌烦吧？"我说。

"厌烦？家务事是很烦人，可你不会。"

我不相信母亲的话，我说："带孩子肯定不如工作那么带劲儿。"

"工作是很带劲"，她说，"我很高兴自己曾工作过"。母亲接着说道："工作像一个开口的气球，你得不断地打气，它才能飘浮于空中；而孩子则是一粒种子，你要浇水，全心全力地呵护它，它才能开出美丽的花朵。"

我望着母亲，仿佛看见我们又坐在厨房的餐桌旁。

节选自：著雨译文

■“所有的花都以自己的方式给我们带来美的享受。”

理解测验（二）

1.所有的花都以自己的方式给我们带来美的享受。

(1) 母亲热爱大自然，她喜爱并欣赏所有的花草。（　　）

(2) 比喻各人有自己的擅长，只要尽其所能，都能给生活带来美好。（　　）

2.工作像一个开口的气球，你得不断地打气，它才能飘浮于空中；而孩子则是一粒种子，你要浇水，全心全力地呵护它，它才能开出美丽的花朵。

(1) 大人靠自身努力就能成功；孩子成长需要他人的照料协助。（　　）

(2) 自己奋斗，就能步步高升；孩子成功，靠别人替他努力。（　　）

3. 弓，是箭穿越逆境的动力

唐诺德·桑顿的女儿觉得，跟父亲一起，要不断应付挑战，满足父亲越来越高的期望。父亲每天都向孩子灌输：你们学来的东西只要进了脑袋，那就谁也抢不走了。谁也拿不走，永远拿不走。伊凤·桑顿和她的另五个姊妹，这群成长于清寒黑人家庭的女孩，要怎样努力才能实现父亲为她们策划的那些梦想呢？

爹是弓，我们是箭

一天我放学回家，说："爹，我有一科得了'优'。""不错了，小甜饼。"他叫我的小名。"就这么一句话吗？据说还有'优上'这等级，是不是？”于是我后来又得了一个“优上”。他说：“不错，乖乖，再去拿个‘优上上’。”

他并不苛求，他知道，我们几姊妹是黑人，必须加倍努力才能出人头地。爹有五个女儿，他就像女子队的教练，激励、惩罚、奖赏，指示眼前的目标，不忘人生终极的志向。他是做苦工的：挖阴沟、建造巨石防波堤、当旅馆行李工，妈是清洁工。在我们成长的日子里，爹有时还得要兼职做两份工：午夜到早上8点在酒店当班，白天则挨家挨户送煤气。1947年，妈生下我，三女伊凤。爹来到妈的床边，耳语说：“啊，泰丝，是个可爱的小姑娘，嘴上有块黑斑，像小甜饼。”从那时起，我就叫小甜饼。

爹从来不肯安于唱低调，总是帮助我们力争上游。我开始上学，爹神情肃穆地吩咐我：“你选出一只兔子来吧。”他解释，赛狗的时候，狗群拼命追逐在跑道前方飞奔的兔子。这就是他对我的期望：争取第一！一个叫派翠霞的女孩是我的“兔子”，不论她成绩多好，我总是苦下功夫赶上她。

爹说：“你们若是光长得漂亮，这样一直干下去，等到眼睛底下有了眼泡，你们的老板就会另外找个年轻些的。不过要是你们学来的东西进了脑袋，那就谁也抢不走了。谁也拿不走，永远拿不走。”爹最恨听到别人说我们是黑人，何必异想天开呢？反正打扫房子或挖阴沟用不到读书识字。他对妈说：“我不准别人泄我们的气。有五个人呢，只要我们一条心，我们一家没什么办不到的。”爹利用大姐当娜对音乐的兴趣，勉励我们都玩乐器。当娜学吹萨克斯管越来越进步，想要个更大的。爹设法给她换了一个，我恳求把那支旧的给我。“你才五岁，小甜饼，也不过刚会呼吸吧。”“我能，我能吹。”萨克斯管太重，我拿不起来，就把它绑在椅子上。因为吹得太用力，晕过去了。我醒过来，爹把它给了我，他相信了我，并从此想办法让我去上课。

一天，妈参加家长会回来，谈及某人的孩子席间表演钢琴，爹说：“你告诉他们，下次开会由桑顿乐团演奏。”我们问：“什么桑顿乐团？”“就是你们呀。你们可以演奏‘南太平洋之夜’，就像平常演奏给妈妈听的那样。”家长会的听众几乎都是白人，其后一次的家长会中，他们听到了四个肥肥胖胖的黑人女生郑重其事地演奏“南太平洋之夜”，都很开心，反应热烈。从此桑顿少女乐队声名远扬，口口相传，在各校演出。我们简直还没来得及弄清楚怎么回事，就受聘每星期五晚上，星期六下午以及晚上，星期日下午巡回演出，都是在大学，甚至名牌大学普林斯顿。

姐姐当娜和珍妮想远离家庭，到华盛顿读大学。爹不准她们去。“可是，爹，现在报考别的学校已经来不及了。”“好，我来对付。”爹有种气质，能够打动人心的是实头实脑、诚恳、淳朴。他给人有礼但亦坚决的印象：不惹麻烦，不小题大做，可是他来见人一定要见到。女秘书把他带进办公室。他对他面前的那个人从容地说：“我是个退伍军人，有五个女儿。我现在看到你桌上的照片，知道你也是个顾家的人，我没说错吧？”爹问得亲切，那人便谈起照片里孩子的名字和年纪，还有天分和志趣。两天后，家门口的蒙茅斯学院的入学通知寄到了。

我知道要做医生，却不知道过程：读完中学、大学、医学院，然后在医院实习，之后是驻院医生。爹只说“你们一定办得到。”最终，让我们五个女儿都做医生的幻梦碎了。爹一再说："我什么地方做错了？我一定是做得不够，不过，我少做了什么呢？"听了这句话，我抓起他的一只手，"爹，听我说。我将来做医生，我答应你！"很久他才回答，就像多年前我向他要萨克斯管那一刻说的："你？你太小。""爹，我名列优秀生名单，我生物科各科的成绩全部都是'优'。我已经读完有机化学，这是进医学院前的必修科。"

我开始把距离近得能继续留在桑顿少女乐队，但同时可以参加演奏的医学院列出来。有一所引起我注意。它不像哈佛医学院或耶鲁大学医学院，而叫哥伦比亚大学内外科医学院。真好听的名字，专业化，很神气！我还告诉爹一件事："如果我做了医生，即使结了婚，我也绝不冠以夫姓，永远是桑顿医生，好表示对你的敬意！"

我下更大功夫苦读，妈给我莫大帮助。我只要一讲早上三点钟起床读物理，他准在三点把我摇醒，然后到厨房给我弄一杯热巧克力。现在回顾起来，真佩服这位三点钟起身弄醒她孩子的人。凡是跟教育有关的，妈都当要紧的事。

1968年秋天对我意义特别重大，我要去哥伦比亚大学内外科医学院面试的时候。我去见乔治医生。医生说："你知道，我们想招女生，不过担心女生结婚有了孩子，学到的知识就白费了。要是你找到心上人，怎么办？""要是我找到，他就得等我读完医学院做了医生再说。""倘若他不等？""那就不是我心上人。"三天后，哥伦比亚大学的信寄到了。"我录取了！我录取了！"我一一搂抱亲人，拥着他们打转，我又笑又跳又哭，挥舞着来信。妈和爹送我到宿舍："伊凤，"爹说，这意味着庄严时刻，他平时叫我小甜饼，"你妈和我送你就到此为止，从现在起，全靠你自己了”。我热泪突然滚滚而下。

1973年春光明媚的一天，我拿到医学博士学位。妈得意洋洋，爹神气得胸脯挺得好高，我笑他要侧着身子才能穿过门口。他抓着陌生人的胳膊，指着我说：“这就是我的女儿，很了不起吧？”我开始在罗斯福医院实习。一天，我刚下班，听到广播传召我：

“桑顿医生，桑顿医生，五号线，五号线!”

我拿起电话，是通知我到服务台。我身穿白色大褂，颈项上挂着听诊器，在过道上大步走去，远处就看到爹。“爹，是不是妈出了什么事？”“你妈没事，”我循着他的眼神朝远处看，他在看着广播喇叭。“你们能不能再来一次？”“你说要再来一次什么？”“再叫一次你的名字。”

我向电话走去，吩咐接线生再传召我一次。我回到爹的身边，听到广播再喊出：

“桑顿医生！桑顿医生！……”爹听得心醉神迷，转望我：“你听过这么美妙的声音吗，小甜饼？”

我当了罗斯福医院主任医师。一向坚强的母亲忽然病倒，妈中风了。我去探望她：“妈，你好吗？”“喔，好了一点。”她伸出一只手，让我握着，她低声说：“你们姊妹都不错。”“可是这奇迹是你和爹创造的！”妈躺着，脸侧着，脸上流下一滴泪。三天后，妈去世了。殡仪馆负责人对爹说：“你们只有女儿，要找人抬灵柩。”“慢着！”爹很激动：“不许生人碰我太太！”“爹，总得有人抬棺材呀。”我们说。“你们抬！你们女孩子抬！你们给你们的妈妈抬！”我们面面相觑，那么重的铅制棺木怎么抬得动？“如果这是你的意思，爹……”“对！我就是这个意思。”

"好，我们抬！"我们分站棺木两旁，强风卷着冰雪打到我们的脸上。我们低语互相安慰，棺木果然重得不出所料，不过多年桑顿少女乐队在车上装卸扬声器，把我们练得身强力壮。我们跟妈在这里永别！

六年后父亲中风，再也没有醒来。他面带微笑仿佛是要去和他亲爱的妻子见面。这次殡仪馆没建议我们雇人抬棺木，他认定这个人的女儿会像抬他们的母亲那样，亲自把爹也抬到墓穴。我们年纪略增，爹也重些，但我们就像以前那样彼此打气。现在看来，我们没辜负他们。姐妹中：当娜是法庭记者；琳达是牙医；丽泰是私立学校的理科主任；珍妮是哲学博士；我是儿科医生，我们都是自食其力的女子。

有人说："爹是弓，我们是箭，他又瞄得高。"他总是说："倘使你受了教育，脑袋里一有了东西，那就永远是你的了。"他也说："如果门不开，从窗口爬进去；如果窗子关着，想办法从地下室穿过；如果地下室锁住，就爬上屋顶，看看是不是可以从烟囱下去。只要你们肯试，总有路的。"

在墓地，我们抬起覆盖着国旗的棺木。这个挖沟工人的几个女儿就像在他生前不愿让他失望那样，脚步沉稳地把他送到他爱妻旁边的墓穴里。

（美国）节选自 Yvonnes Thornton,M.D口述，Jo Coudert笔录

理解测验（三）

1. "爹是弓，我们是箭"这个比喻是什么意思？

(1) 该比喻说明了弓箭作用：弓这一方给力，箭这一方将射向目标。 （　）

(2) 暗示父亲只能提供方向与条件，达到目标还得靠自身努力。 （　）

■ “桑顿医生！……”爹听得心醉神迷。

2.“你们学来的东西只要进了脑袋，那谁也抢不走了。”父亲的这句话要向孩子们说明什么？

(1) 知识也是财富，终身受用；它是看不见抢不走的财富。 ( )

(2) 脑袋里装进了学问，就如同储存在银行的保险箱里一样。 ( )

3.见到“小甜饼”后，父亲为什么再次叫医院广播“再叫一次你的名字”？

(1) 小女伊凤当了医生，他想当众炫耀一番。 ( )

(2) 小女伊凤实现了父亲的夙愿，他无比欣慰自豪。 ( )

4. 关爱，是缝合破碎的针线

老师的启示

许多年前，汤普逊老师对着她五年级的学生们撒了一个谎，说是她会平等地爱每个孩子。但这是不可能的。因为前排坐着泰迪·史塔特——一个邋遢、上课不专心的小男孩，事实上，汤普逊老师很喜欢用粗红笔在泰迪的考卷上画大大的叉，然后在最上排写一个不及格！

某一天，汤普逊老师检视每个学生以前的学习记录表，她意外地发现泰迪之前的老师给的评语十分惊人！一年级老师写道：“泰迪是个聪明的男孩，永远面带笑容，他的作业很整洁；很有礼貌，他让周遭的人很快乐！”二年级老师说：“泰迪很优秀，很受同学欢迎，但他的母亲罹患绝症，他很担心，家里生活一定不好过！”三年级老师："母亲过世，泰迪一定不好过，他很努力表现但父亲总不在意，若再没有改善，他的家庭生活将严重打击泰迪。"四年级老师："泰迪开始退缩，对课业提不起兴趣，没有什么朋友，有时在课堂上睡觉。"

直到现在，汤普逊老师才了解泰迪的困难，而深感羞愧，而当她收到泰迪的圣诞礼物——别人的礼物用缎带及包装纸装饰得漂漂亮亮，而泰迪送的礼物却是用杂货店的牛皮纸袋捆起来——汤普逊老师更觉得难过。

汤普逊老师忍着心酸，当着全班的面拆开泰迪的礼物，有的孩子开始嘲笑泰迪的圣诞礼物：一条假手链，上面还缺了几颗钻石，另外是一罐只剩四分之一的香水，但是汤普逊老师不但惊呼漂亮，还戴上手环，并喷了一些香水在手腕上，其他小朋友全愣住了。

放学后，泰迪·史塔特留下来对汤普逊老师说："老师，你今天闻起来好像我妈咪啊！"一等泰迪回家，汤普逊老师整整哭了一个小时，就在那一天，汤普逊老师不再教"书"：不教阅读、不教写作、不教数学，相反的她开始"教育孩童"！

汤普逊老师开始特别关注泰迪，而泰迪的心似乎重新活了过来，汤普逊老师越鼓励泰迪，泰迪的反应越快，到了学年尾声，泰迪已经成为班上最聪明的孩子之一，虽然汤普逊老师说过她会平等地爱每一个孩子，但泰迪却是她最喜欢的学生。

一年后，汤普逊老师在门边发现一张纸条，是泰迪写来的，上面说汤普逊老师是他一生遇到的最棒的老师！六年过去了，汤普逊老师又发现另一张泰迪写的纸条，泰迪已经高中毕业，成绩全班第三名，而汤普逊老师仍是他一生遇到的最棒的老师！四年后，汤普逊老师又收到一封信，泰迪说有时候学校生活并不顺利，但他仍坚持下去，而不久的将来，他将获得荣誉学位毕业！他再一次告诉汤普逊老师，她仍是他这一辈子遇到的最棒的老师！

四年过去，又来了一封信。信里面告诉汤普逊老师，泰迪大学毕业后决定继续攻读更高学位，他也不忘再说一次，汤普逊老师还是他这一生遇到的最棒的老师。而这封信，结尾多了几个字：泰迪·史塔特博士。

故事还没结束呢！你瞧！该年春天又来了一封信，泰迪说他遇到生命中的女孩，马上要结婚了，泰迪解释说他的父亲几年前过世了，他希望汤普逊老师可以参加他的婚礼并坐上属于新郎母亲的位置。汤普逊老师完成了泰迪的心愿，但你知道吗？汤普逊老师竟然戴着当年泰迪送的假钻石手链，还喷了同一瓶香水，是泰迪母亲过世前的最后一个圣诞节用过的香水。

他们互相拥抱，史塔特博士悄悄在耳边告诉汤普逊老师："汤普逊老师，谢谢你相信我，谢谢你让我觉得自己很重要，让我相信我有能力去改变！"

汤普逊老师热泪满盈地告诉泰迪："泰迪，你错了！是你教导我，让我相信我有能力去改变，一直到遇见你，我才知道该怎么教书！"

(选自网络文学)

■汤普逊老师当着全班的面拆开礼物

理解测验（四）

1.为什么汤普逊老师说她“不再教书”？

(1) 她感到羞愧，决定辞职不再当学校的教师了。 （ ）

(2) 她从此不再局限于课本，更关注孩子们的心灵教育。 （ ）

2. 为什么老师反而说：“一直到遇见你，我才知道该怎么教书！”

(1) 教育者反而在学生的纯真中认识到了教育的真谛。 （ ）

(2) 她感谢泰迪邀请她出席婚礼，礼貌地回应学生的恭维。 （ ）

参考答案

（一）孩子们没有这580亿美元的拖累，将跑得更快?

答案：子女有太多的宠爱享受，会变成坐享其成不劳而获的寄生虫。

（二）继承人若是花花公子，他们掌控了资源和财富，社会将出现什么大问题?

答案：资源财富被庸人挥霍，社会不得安宁；它们得不到有效利用，也产生不出社会价值。

理解测验（一）

《我的第一首诗》1.(2); 2.(1)

理解测验（二）

《母亲的礼物》1.(2); 2.(1)

理解测验（三）

《爹是弓，我们是箭》1.(2); 2.(1); 3.(2)

理解测验（四）

《老师的启示》1.(2); 2.(1)

二、发挥创意，让我们一起设计校徽、校歌、校服

1. 请在方格中画校徽

2. 请在线条内作校歌

3. 请在方框里设计校服

4. 请为歌词谱曲

每个孩子都可以成为领袖

——韦陵老师和她的教育理念与实践

最有爱的老师

认识韦陵老师近三十年。我是提笔写这篇文章，才确切地意识到，其实她年长我很多。

我一直称她韦陵，从见她第一面开始，从未称呼她韦陵老师。回浙江老家探望父母，我妈妈经常会问起她，每次也是称韦陵，就像问我的同学、我的同龄朋友。

可在我心目中，韦陵是最好的老师。因为她爱学生，爱教书。她把学生当自己的孩子，把教书当自己的生活中心。在国内如此，去了新加坡，依然如此。工作时是这样，退休了还是这样：心系学生，心系教育，心系祖国的教育事业。

她美丽、热情、专注、坚韧。直到这两年，她在美国乐呵呵地当了奶奶，我才知道，她其实比我大了差不多20岁。我一点都没有感觉到我们之间的年龄差距，她是那样充满活力！那样激情澎湃！那样真诚，那样富有爱心！对学生，对教育，对祖国，对祖国的教育！

我有一位好朋友，1989年离职带着5岁的儿子去了欧洲。15年后，她儿子非要回中国上大学。千辛万苦地陪儿子补课，好不容易考上了那所儿子向往的名校，没多久儿子却非要退学。儿子告诉妈妈："学校里的老师不爱学生，我无法继续学习。"我的朋友说："你管老师爱不爱学生，能教你知识、教你本事就行了。"儿子坚定地回答："不行！不爱学生为什么要当老师？我从不爱我的老师那里学不来知识和本事。如果只是学知识和本事，我可以在社会里学。"他坚决地退学了，开始在社会上边工作边学本事。

这件事令我非常感慨：爱学生，这是一个老师最基本也是最高的要求。只有爱学生，才有资格当老师；只有爱学生，才能教出优秀的人，创造出教育的奇迹。从这个层面上说，韦陵是一位真正的老师。你会发现，《其实，每个孩子都是领袖》是一本充满爱的书。书中的孩子都具有领袖的气质。

其实，每个孩子都可以成为领袖，韦陵一生都在以爱的方式为与她相遇的孩子创造这样的机会。

北京少年作家协会的创办者

认识韦陵是在上世纪80年代中期，那时，我在中央人民广播电台开办了《中学生》栏目。听说北京有一个少年作家协会，我就兴致勃勃地去采访。韦陵是少年作家协会的创办者，当时在105中学教语文，还应邀在人大附中兼课。她热情地接待我，如数家珍地介绍她的“小作家”，为我推荐他们的作品，满心地为他们骄傲！我在广播里详细地介绍了“北京少年作家协会”，请专业的播音员朗读他们的作品，还请“小作家们”自己到电台播音间主持节目，讲自己的故事，播自己的作品。

我就这样进入了韦陵的世界，成为她坚定的粉丝和支持者、合作者。她带着她的小作家外出写生、开笔会；她请来文学界、新闻界的大腕为她的小作家办讲座、修改习作；她有针对性地把小作家们的习作推荐给各家媒体发表，并大胆地将小作家们的习作集书出版。她随时需要我随时出现。我因此深入地走进了我的目标听众——中学生的内心深处，并从中得到许多额外的收获——见证新闻界、文学界的大家如何真诚地面对孩子。记得2012年刚获诺贝尔文学奖的著名作家莫言，当年曾应韦陵的邀请到少年作家协会作讲座并题词：

“任何一个作家，都无比珍惜少年时期。

你后来的作品里，都有少年时的梦！”

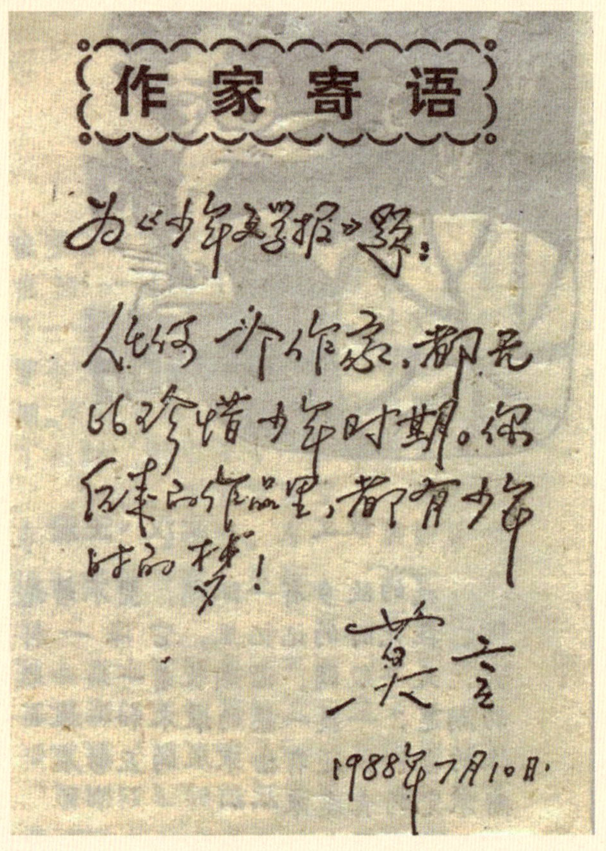

作家寄语

为《少年文学报》题：

任何一个作家，都无比珍惜少年时期。你们将来的作品里，都有少年时的梦！

莫言

1988年7月10日

韦陵以“大作家寄语小作家”为题写了文章发表在《少年文学报》上，用自己独特的诠释鼓励她的小作家们。许多年后，她的少年作家协会真的出了许多大作家、大记者，至今活跃在各大著名媒体和文坛，甚至投身华尔街银行、问鼎被美国誉为科技界诺贝尔大奖“JSSC”的人物。每当听到他们的名字，看到他们的身影，我就会想起韦陵，想起他们年少时韦陵为他们编辑出版的书《流……留》。

对那些“少年不识愁滋味”“为赋新诗强说愁”，处于“晴”“雨”碰撞年龄季节的孩子们，韦陵为这群小作家自己起的晦涩而又充满创意的书名作了注脚：

《流……留》

走出雨季，我们才发现挂在腮边的不是泪水。
也罢！纵然只是雨珠儿，
点点滴滴成河，也会一泻千里。
流走的，是一路哭哭笑笑，
留下的，是一生难割舍的回忆。
无论流走、留下，
都走进了彩虹，横跨在天际。
白发时，再相遇。
但愿你还有劲，
爬上去，找到当年的自己！

23年过去了，韦陵为他们流逝的少年时光留下永不褪色的青春印迹。而我们每次的越洋电话，都会聊起她当年的小作家、如今的媒体界、文学界名家。

每个孩子都可以成为领袖，是韦陵给了少年作家协会的孩子这样的机会。

梳理推广新加坡莱佛士书院礼仪

和韦陵最深的合作是关于校园礼仪的广播节目及相关活动。1992年5月，我受新加坡“青年挑战者”的邀请去新加坡采访，报道新加坡的青年志愿者活动。那时韦陵已经随先生到新加坡定居，她建议我把她供职的学校“莱佛士书院”纳入采访日程。于是，我看到了韦陵在电话和来信中经常描绘的“童话般”的校园，读到了莱佛士学子们的华文集《鹰的天空》，还有新加坡第一任总理李光耀当年的英语作文《当新加坡作为一个国家》。回国后，我在中央人民广播电台的名牌栏目《439播音室》中播出了一组系列报道，浓墨重彩地介绍了被赞誉为新加坡“领袖摇篮”的莱佛士书院。这组报道引起的反响出乎我的意料，但我也没有想到，有一天我会因此要求韦陵专门为我介绍莱佛士的校园礼仪。

1993年，教育部颁发了《中学生行为规范》，我根据自身的体会和当时学校教育、家庭教育的缺失，创办了《礼仪漫谈》栏目，通过讲述礼仪知识来渗透道德教育。这个栏目非常受欢迎，听众群远远走出了中学生范畴，全国各地各年龄段的听众来信一麻袋一麻袋地装。为了回答听众来信中的问题，1995年，我又接着开办了《空中礼仪学校》，详细地介绍各种礼仪知识，校园礼仪自然是其中的华彩乐章。于是，我向韦陵求助。韦陵详细地为我梳理了莱佛士书院的校园礼仪，并向我建议：为了提升节目的权威性和真实感，请时任莱佛士书院的院长陈德辉到中国亲自为听众讲解。我吸纳了她的建议。陈院长的系列讲座播出后，我又收到全国各地许多学校老师的来信，希望有更为详细的介绍。还不止于此，《光明日报》《中国教育报》都派记者来采访。这一社会反响促使我萌发了开办《校园礼仪》专栏及相关活动的念头。

1996年春天，由我们中央人民广播电台科教部和国家教委师范司共国举办的《校园礼仪》正式开播了。在时任教委师范司唐京伟处长的积极支持下，这一专栏除了常规的空中播出的节目外多了两项地面活动：第一，在全国选择师范学校举办“校园礼仪”讲座和研讨会；第二，出版《全国师范学校礼仪教育读本》并举行读书征文活动。为此，1996年夏天，陈德辉院长再次专程来中国，到北京、江苏、海南三地作“莱佛士书院礼仪”讲座，韦陵全程辅佐，从框架设计、全文撰写到幻灯片的制作、现场互动的组织，韦陵殚精竭虑、呕心沥血，整个活动高潮迭起、精彩纷呈，每到一处都被要求“下次再来”。遗憾的是，1997年我工作岗位变动，未能如约再继续。这次捧起韦陵的新作，好像又回到当年。原来，韦陵当年的努力一直在生长，一直在丰富，而机缘，一直在等待她，让她结出今日的硕果，让更多的听众、更多的老师、更多的同学受益。

以自然为课堂、文化为课本创新华文教学

当然，《其实，每个孩子都是领袖》一书的内容，远远超出了我手头那本打印的《莱佛士书院礼仪》，它是韦陵一生跨越东西方整个教育实践的总结。韦陵在莱佛士书院是高才部的华文老师，她不满足于教新加坡的孩子认汉字、写华文，她要把中华文化的精髓带给华人的后代，她要把中华文化的血脉融入在西方的文化背景中长大的华夏子孙。于是，以山水作课堂、文化作教材的《水上学堂》诞生了。我目睹了这个誉满国际华语教坛的生动教学典范的酝酿、萌芽、成长，感受到她成长的痛苦和快乐，见证她艰辛的发展过程和丰硕的成果。每一次水上学堂“开张”，我都会去助威、欢呼，看孩子们好奇地、两手空空地来，送孩子们恋恋不舍地腹满心满地走，欣赏他们自己创作的戏剧、话剧、书法、篆刻作品，听孩子说“还要来”、“一定还要来”的誓言。真是欣慰啊！看到自己热爱的祖国的文化浸润异国他乡同胞的心田，那种自豪、那种满足，真是作为中国读书人的至高享受啊！

我回家跟我爸妈念叨韦陵时还会总提这样的事：韦陵是那样殷切地搭建中国和新加坡中学教育相互交流的桥梁。这远远地超出了一个华文老师的范畴。她热切地了解中国各地中学的诉求，帮助他们与莱佛士书院建为姐妹学校，互通教学经验，共享东西方教育成果；她热切地寻找那些渴望走出去的优秀的中国孩子，为他们提供机会，帮助他们适应新加坡的环境，希望他们因此而拥有更灿烂的前程，从而获得更强的能力回来报效祖国。她其实是一个文化教育的使节。她才会在今天为她的祖国、为她的教育事业献上这本书。

每个孩子都可以成为领袖，是“水上学堂”给了学华文的孩子这样的机会，是莱佛士书院的教育理念让她的学生得到了这样的机会！

其实，每个孩子都是领袖

第一次听韦陵用“领袖的摇篮”给我介绍新加坡莱佛士书院的时候，我并不以为然。说实话，我对培养“领袖”的学校没有强烈的采访愿望。答应把这所学校列入我当年的赴新加坡采访计划，主要是因为韦陵的执着邀请。采访中，新加坡教育部的官员给我介绍莱佛士书院，也说这是一间“领袖的摇篮”，我也没有太多的感受。等到我进入这所学校，和院长、老师、学生深入交谈，读了他们的华文作文，参加了他们的多项活动，我才领悟到“领袖的摇篮”的真正含义。我才意识到这所学校的教育理念是多么值得我们中国学习！

我在介绍这所学校的报道里这样说：“我理解，莱佛士书院被称为领袖的摇篮，并不是仅仅因为这里走出了李光耀、吴作栋等几位国家领导人，而是因为这个学校的理念是让每个孩子都有机会成为领袖，是用种种方式把每个孩子都培养成为领袖，至少成为把握好自己一生的领袖。找到自己的领域，在自己的领域里做到最好！人生最重要的是成为自己的领袖！把握自己，领导自己，超越自己！”

这次读韦陵的书稿，一位当年从吉林大学附中通过“中国留学生奖学金交流项目”进入新加坡莱佛士学院读书的男孩子孙和旋写的文字很让我感慨。如今这位在美国名牌大学深造的年轻人这样描述他当年莱佛士学院的同学在中学高年级的表现：“一两年过后，他们在自己擅长的领域不但更加精进了一步，而且逐渐地成为领袖，独当一面。所以说莱佛士与国内的不同，那就是竞争对象的不同。因为对手不再是我周围的人，我不需要踩在他们的肩膀去获得荣耀，但我必须和自己竞争，要不断地超越自我，在我所关注的领域力争做到极致！而正是因为这种氛围，莱佛士书院从来都不缺少优秀的人才。因为在学校里的每一个人都清楚地明白，在莱佛士，“优秀”不再是一个向往，一个奢望，而是一个潜移默化、从内心而生的动力。而这种力量（据我对学长和学弟妹的三年观察），并没有因为离开莱佛士而消失，反而因为离开了群雄争胜的校园后，推进了我们的快速成长，成为进入大学后高高耸立的一面面旗帜……莱佛士的真正价值并不仅仅是“名牌大学的跳板”，也不是拥有了一批保证A-Level高分成绩的“名牌教师”，而是它能帮助学生发现、发掘自己的潜力，在一个理想的氛围中让我们去成就梦想。作为一名莱佛士毕业生，我在四年中最大的收获并不是借莱佛士之力进入了美国大学殿堂，而是真真切切地将莱佛士精神渗入到了骨髓：Auspicium melioris aevi——我们是未来的期望。尽管这句座右铭缺少了华人的中庸，但正是这种强烈的使命感，让我们无论身处何处，遇到何种艰险，坚定信念，毅然前行……”

我在这里将这段话抄录，是因为我理解：这是韦陵要在这本书里传达的最重要的教育理念之一：每个孩子都可以成为领袖！学校教育就是给每个孩子这样的机会！老师就是教给他们方法，给他们一生前行的精神力量！

让爱国报国的种子通过校园生活在学生的心中扎根

前不久，我的微信里传来这样一条信息：

> 最不应该的忘却：你记得国歌的每句歌词吗？湖北一高校考试默写国歌，仅三分之一学生全对，我们亟须恶补的究竟是什么？

这条信息击中了我。当年韦陵如数家珍地为我介绍莱佛士书院，要我一定把这所“新加坡领袖的摇篮”纳入采访日程，击中我的是她描述的“升旗礼”：每天清晨，庄严的国歌声中，国旗和校旗冉冉升起；老师和学生唱国歌、唱校歌、宣誓：“我们是新加坡公民，誓愿不分种族、言语、宗教，团结一致建设公正平等的民主社会，并为实现国家的幸福、繁荣与进步共同努力。”韦陵说，每天那个时刻，她并不需要宣誓，但都热泪盈眶，她深深地感受到仪式的力量，感受到校园文化的力量，她好像听到爱国的种子在这简单的仪式中深深地扎根在新加坡青少年的心底，天天在孩子们的心中蓬蓬勃勃地生长；她说，她多么希望祖国的校园里，也有这样庄严的仪式，让孩子们自然地永远地在心里种下爱国、报国的信念。这种青少年时期扎根心底的信念，会伴随着人的成长而愈加茁壮。她说，如果每个中国的青少年在校园里种下这样的种子，我们的国家将来会是怎样的辉煌！越洋电话我看不到韦陵的脸，却通过她哽咽的声音触摸到她的赤子之心。正是这样的描述，我去了莱佛士书院，采录到那个让韦陵热泪盈眶也让我的听众震撼的升旗仪式；正是这样的赤子之心，我亲爱的读者，现在，你与韦陵的《其实，每个孩子都是领袖》相遇。相信，你会和我一样，与她相知，成为她的粉丝、支持者、合作者！

我们——父母、老师、学生、家长，吸纳东西方教育的精华，一起建设中国的校园文化，一起培养中国的栋梁。给每个孩子创造成为领袖的机会，帮助每个孩子找到自己的领域并努力做到最优秀！这是韦陵的心声，也是我们共同的愿望！

李宏

中央人民广播电台广播学会秘书长、高级编辑

附录：莱佛士书院课程设置一览

一、办学方针

“全面教育”是莱佛士书院的办学方针。学生品德与能力并重；学业与活动并行。

二、课程大纲

1.学术科目

2.辅助科目

3.课外活动

4.社区服务

5.价值观（情商/道德）教育

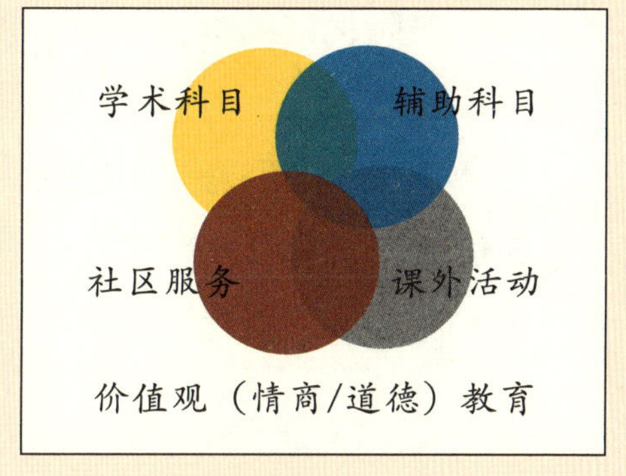

三、课程内容与要求

1.学术科目是学校的主要课程

（1）学生定期接受考查。

（2）学生可选修下列科目：

英文、英国文学、初数、高数、物理、化学、生物、地理、历史、母语（华文、马来文、淡米尔文）学生修完四年中学课程后，参加新加坡剑桥普通教育水准文凭会考。

（3）学生也可选修美术与音乐（按教育部的选修要求）。

2.辅助科目

非考试科目：电脑设计、艺术、体育、口才训练、音乐等。

3.课外活动是技能训练不可缺少的课目

学院约有50种课外活动，分为主要活动与选择性活动。

（1）主要活动：

（a）制服团体（全国统一的学生组织）：学生警察团、红十字会、学生军团、童子军、少年旅、铜乐队。

(b) 体育运动队（田径、球类、柔道等）

(c) 器乐团队：华乐队

(2) 选择性活动：

学术学会、文化学会、服务学会、特别兴趣小组。学会必须选择一项主要活动，学院也鼓励学生参加与选择性的活动。

4.社区服务

培养学生的环保意识；助人为乐、关怀不幸人士。

5.价值观（情商教育）

互相关怀，求同存异，培养学生成为有道德的年轻人。

声明：本书所用照片，除家长提供及有署名的外，其余来自书院赠送中国友人的学校刊物。图片版权由我社全权负责。

（鄂）新登字 02 号

图书在版编目（CIP）数据

其实，每个孩子都是领袖/韦陵著.
—武汉：湖北教育出版社，2013. 12
ISBN 978 - 7 - 5351 - 8712 - 3

Ⅰ. 其…
Ⅱ. 韦…
Ⅲ. 新加坡莱佛士书院 - 校史 - 1992 ~ 2005
Ⅳ. G639. 339. 9

中国版本图书馆 CIP 数据核字（2013）第 113515 号

出版发行　湖北教育出版社
邮政编码　430015　　电　话　027 - 83619605
地　　址　武汉市青年路 277 号
网　　址　http://www.hbedup.com
经　　销　新　华　书　店
印　　刷　武汉中远印务有限公司
地　　址　武汉市硚口区长丰大道特 6 号
开　　本　787mm × 1092mm　1/16
印　　张　11. 25
字　　数　336 千字
版　　次　2013 年 12 月第 1 版
印　　次　2013 年 12 月第 1 次印刷
书　　号　ISBN 978 - 7 - 5351 - 8712 - 3
定　　价　36. 00 元
如印刷、装订影响阅读，承印厂为你调换